TODOS L(

PESTO

LIBRO DE COCINA

100 DELICIOSAS RECETAS DE PESTO PARA CADA COMIDA

PACO ESCALERA

TABLA DE CONTENIDO

PANINI, SÁNDWICHES Y WRAPS 192

INTRODUCCIÓN

¿Qué es el pesto?

El pesto es una salsa simple que puede transformar platos de todo tipo con sus brillantes sabores herbales. La palabra pesto proviene de la palabra italiana "pestare" que significa machacar o machacar. Todos hemos probado el pesto de albahaca tradicional, pero una receta básica de pesto se puede transformar con todas las diferentes variedades de hierbas, nueces y aceites de oliva. Siga leyendo y le mostraremos cómo hacer pesto de forma tradicional, como esta receta clásica de pesto de albahaca, y pesto con un toque especial.

¿Cómo usar el pesto?

A. Mezcle con la pasta, especialmente cualquier pasta con textura, esto ayudará a que la pasta agarre la salsa resbaladiza.

B. Añadir a las verduras frescas.

C. Añadir a los huevos antes de revolverlos.

D. Úselo como condimento en sándwiches y wraps, agregue un poco a la mayonesa o solo.

E. Sumerja los trozos de baguette crujientes en pesto, mi forma favorita de disfrutar esta salsa.

F. Haga un baño revolviéndolo con crema agria, yogur o requesón.

G. Úsalo como salsa para tu pizza artesanal.

H. Agréguelo al suero de leche para hacer un aderezo para ensaladas.

I. Frotar en bruschetta.

J. Sopa de guarnición.

RECETAS BÁSICAS

1. pesto balanceado

rendimiento: 1 PINTA

Ingredientes

- 1 parte de nueces

- 8 partes de hierbas y verduras

- 2 partes de queso

- 2 partes de aceite

- 1-3 dientes de ajo, pelados

- sal al gusto

Direcciones

a) Elija sus ingredientes y colóquelos en un procesador de alimentos.

b) Pulse hasta que se forme una pasta espesa, agregue más aceite si es necesario para obtener la consistencia que prefiera.

2. Salsa pesto al sur de la frontera

Porciones por Receta: 6

Ingredientes

- 1/4 taza de semillas de calabaza sin cáscara (pepitas
- 1 manojo de cilantro
- 1/4 taza de queso cotija rallado
- 4 dientes de ajo
- 1 chile serrano, sin semillas
- 1/2 cucharadita de sal
- 6 cucharadas de aceite de oliva

Direcciones

a) Agregue las semillas de calabaza al tazón de un procesador de alimentos y pique todo con algunas legumbres, luego combine con el aceite de oliva, el cilantro, la sal, el queso, el chile y el ajo.

b) Haga puré la mezcla y luego sirva el pesto.

c) Disfrutar.

3. Pesto de rúcula y albahaca

Porciones por Receta: 12

Ingredientes

- 1 1/2 taza de hojas de rúcula baby

- 1 1/2 taza de hojas de albahaca fresca

- 2/3 taza de piñones

- 8 dientes de ajo

- 1 lata (6 oz.) de aceitunas negras, escurridas

- 3/4 taza de aceite de oliva virgen extra 1/2 lima, en jugo

- 1 cucharadita de vinagre de vino tinto

- 1/8 de cucharadita de comino molido

- 1 pizca de pimienta de cayena molida sal y pimienta al gusto

Direcciones

a) En un procesador de alimentos grande de alta velocidad, agregue la rúcula, la albahaca, las aceitunas, el ajo y los piñones y pulse hasta que estén bien combinados.

b) Agregue los ingredientes restantes y pulse hasta que estén bien combinados y suaves.

4. pesto sencillo

Porciones por Receta: 6

Ingredientes

- 1/4 taza de almendras

- 3 dientes de ajo

- 1 1/2 taza de hojas de albahaca fresca 1/2 taza de aceite de oliva

- 1 pizca de nuez moscada molida

- sal y pimienta para probar

Direcciones

a) Configure su horno a 450 grados F antes de hacer cualquier otra cosa.

b) Coloque las almendras en una bandeja para hornear galletas y hornee durante unos 10 minutos o hasta que estén ligeramente tostadas.

c) En un procesador de alimentos, agregue las almendras tostadas y los ingredientes restantes hasta que se forme una pasta áspera.

5. Pesto de alcachofas con queso

Porciones por Receta: 12

Ingredientes

- 2 tazas de hojas de albahaca fresca

- 2 cucharadas de queso feta desmenuzado

- 1/4 taza de queso parmesano recién rallado 1/4 taza de piñones tostados

- 1 corazón de alcachofa, picado grueso

- 2 cucharadas de tomates secos en aceite picados

- 1/2 taza de aceite de oliva virgen extra

- 1 pizca de sal y pimienta negra al gusto

Direcciones

a) En un procesador de alimentos grande, agregue todos los ingredientes, excepto el aceite y los condimentos, y pulse hasta que se mezclen.

b) Mientras el motor funciona lentamente, agregue el aceite y pulse hasta que quede suave.

c) Sazone con sal y pimienta negra y sirva.

6. pesto americano

Porciones por Receta: 6

Ingredientes

- 4 tazas de hojas de albahaca fresca empaquetadas
- 1/4 taza de perejil italiano
- 2 dientes de ajo, pelados y ligeramente triturados
- 1 taza de piñones
- 1 1/2 taza de queso Parmigiano-Reggiano rallado
- 1 cucharada de jugo de limón fresco
- 1/2 taza de aceite de oliva virgen extra, o más según sea necesario
- sal y pimienta negra molida al gusto

Direcciones

a) En un procesador de alimentos, agregue el perejil, la albahaca y el ajo y pulse hasta que estén picados finamente.

b) Agregue los piñones y pulse hasta que estén bien cocidos también.

c) Agregue el queso y el pulso hasta que se combinen.

d) Mientras el motor está funcionando, mezcle lentamente el jugo de limón.

e) Luego agregue el aceite y pulse hasta que esté bien combinado y suave.

f) Sazone con sal y pimienta negra y sirva.

7. pesto de pasta

Porciones por Receta: 16

Ingredientes

- 4 tazas de espinacas tiernas frescas

- 1/2 taza de pecanas

- 2 dientes de ajo

- 1 taza de queso parmesano

- 1 cucharada de jugo de limón

- 1/2 taza de aceite de oliva virgen extra

- 1 pizca de sal y pimienta negra recién molida al gusto

Direcciones

a) En un procesador de alimentos grande, agregue todos los ingredientes excepto el aceite y pulse hasta que se mezclen.

b) Mientras el motor funciona lentamente, agregue el aceite y pulse hasta que esté bien combinado y suave.

8. Pesto asiático de maní

Porciones por Receta: 10

Ingredientes

- 1 manojo de cilantro

- 1/4 taza de mantequilla de maní

- 3 dientes de ajo, picados

- 3 cucharadas de aceite de oliva virgen extra

- 2 cucharadas de jengibre fresco picado

- 1 1/2 cucharadas de salsa de pescado

- 1 cucharada de azúcar moreno

- 1/2 cucharadita de pimienta de cayena

Direcciones

a) En una licuadora o procesador de alimentos, agregue todos los ingredientes y pulse hasta que quede suave.

9. pesto picante

Porciones por Receta: 14

Ingredientes

- 1/4 taza de nueces

- 2/3 taza de aceite de oliva

- 2 dientes de ajo

- sal y pimienta negra molida al gusto

- 2 tazas de hojas de albahaca fresca empacadas

- 3/4 taza de queso Parmigiano-Reggiano rallado

- 1 chile jalapeño, sin tallo

Direcciones

a) En un procesador de alimentos, agregue el ajo y las nueces y pulse hasta que estén finamente picados.

b) Agregue el jalapeño, la albahaca y el queso y pulse hasta que estén bien combinados.

c) Mientras el motor funciona lentamente, agregue el aceite y pulse hasta que esté bien combinado y suave.

d) Sazone con sal y pimienta negra y sirva.

10. pesto de champiñones

Porciones por Receta: 6

Ingredientes

- 2 cucharadas de mantequilla

- 1 libra de champiñones frescos mixtos (como cremini, botón, ostra y Portobello), cortados en cuartos

- 1 chalote, picado

- 1 taza de piñones tostados

- 1/4 taza de aceite de oliva virgen extra

- 1/4 taza de caldo de verduras

- 3 dientes de ajo, picados

- 1 cucharada de jugo de limón recién exprimido

- 1 cucharadita de sal kosher

- 1/2 cucharadita de pimienta negra recién molida

- 1/2 taza de queso parmesano, rallado

Direcciones

a) En una sartén, derrita la mantequilla a fuego medio.

b) Agregue los chalotes y los champiñones y cocine durante unos 5-7 minutos o hasta que los champiñones se doren.

c) Retire del fuego y reserve para que se enfríe durante unos 10 minutos.

d) En una licuadora, agregue la mezcla de champiñones cocidos y los ingredientes restantes excepto el queso y el pulso hasta que estén finamente molidos.

e) Transfiera la mezcla a un tazón y agregue el queso antes de servir.

11. Pesto cremoso de lechuga

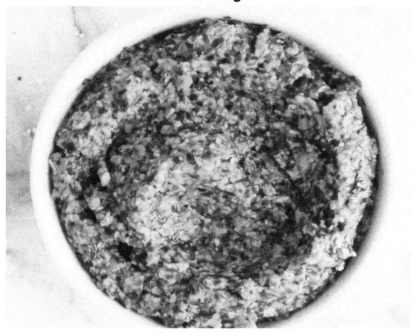

Porciones por Receta: 8

Ingredientes

- 1/2 diente de ajo

- 2 cucharadas de mayonesa

- 1/3 taza de nueces

- 3 onzas. berros enjuagados y secos

- 1 taza de queso parmesano recién rallado

Direcciones

a) En un procesador de alimentos, agregue todos los ingredientes y pulse hasta que se forme una pasta suave.

12. pesto de nuez

Porciones por Receta: 2

Ingredientes

- 2 tazas de hojas de albahaca

- 1/2 taza de nueces

- 1/4 taza de aceite de oliva

- 2 dientes de ajo

- 1 cucharada de jugo de limón

Direcciones

a) En un procesador de alimentos, agregue todos los ingredientes y pulse hasta que se forme una pasta suave.

13. pesto para el desayuno

Porciones por Receta: 4

Ingredientes

- 3/4 taza de mezcla para hornear

- 1/3 taza de agua, o según sea necesario

- 1 paquete (8 oz.) de queso Cheddar, rallado

- 5 cucharaditas de pesto preparado

Direcciones

a) Engrasa tu plancha y luego caliéntala por completo.

b) En un tazón grande, agregue todos los ingredientes y mezcle hasta que estén bien combinados.

c) Coloque aproximadamente 1/4 taza de la mezcla en la plancha caliente y cocine todo durante aproximadamente 2-3 minutos por lado o hasta que se dore.

d) Repita con la mezcla restante.

14. Pesto de brócoli al vapor

Porciones por Receta: 8

Ingredientes

- 2 tazas de floretes de brócoli picados

- 2 tazas de albahaca fresca picada

- 1/4 taza de aceite de oliva virgen extra

- 1/4 taza de queso parmesano rallado

- 1/4 taza de piñones

- 6 dientes de ajo, pelados

- 2 cucharadas de caldo de verduras, o más si es necesario

- 1 pizca de pimienta de cayena

- sal y pimienta negra molida al gusto

Direcciones

a) Coloque una canasta de vapor sobre una cacerola con agua y hierva a fuego medio.

b) Coloque el brócoli en una canasta de vapor y cocine tapado durante aproximadamente 3-5 minutos o hasta que esté tierno.

c) Escurra bien el brócoli y transfiera todo a un procesador de alimentos con los ingredientes restantes y pulse hasta que quede suave.

15. Pesto fresco de verano

Porciones por Receta: 16

Ingredientes

- 2 tazas de hojas de diente de león

- 1/2 taza de aceite de oliva

- 1/2 taza de queso parmesano rallado 2 cucharaditas de ajo machacado

- sal al gusto (opcional)

- 1 pizca de hojuelas de pimiento rojo, o al gusto (opcional)

Direcciones

a) En un procesador de alimentos, agregue todos los ingredientes y pulse hasta que quede suave.

16. pesto brasileño

Porciones por Receta: 12

Ingredientes

- 3 tazas de albahaca fresca picada
- 1 taza de aceite de oliva virgen extra
- 1/2 taza de piñones
- 1/8 taza de nueces de Brasil
- 2/3 taza de queso parmesano rallado
- 2 cucharadas de ajo picado
- 1/2 cucharadita de chile en polvo

Direcciones

a) En un procesador de alimentos, agregue todos los ingredientes excepto el aceite y pulse hasta que se forme una pasta espesa.

b) Mientras el motor funciona lentamente, agregue el aceite y pulse hasta que quede suave.

17. pesto clásico

Porciones por Receta: 16

Ingredientes

- 1/3 taza de piñones
- 2/3 taza de aceite de oliva
- 5 dientes de ajo
- 1/3 taza de levadura nutricional
- 1 manojo de hojas de albahaca fresca
- sal y pimienta para probar

Direcciones

a) En una sartén antiadherente caliente, agregue los piñones a fuego medio y cocine, revolviendo continuamente hasta que estén tostados.

b) En un procesador de alimentos, agregue los piñones tostados y los ingredientes restantes y pulse hasta que quede suave.

18. pesto suizo

Porciones por Receta: 10

Ingredientes

- 1/2 taza de aceite de oliva, dividido

- 10 hojas de acelgas, picadas

- 4 dientes de ajo, picados

- 1 taza de hojas de albahaca

- 1 taza de nueces

- 1/2 cucharadita de sal marina

- 1 cucharada de jugo de limón

- 1 paquete (3 oz.) de queso parmesano rallado

- sal y pimienta negra molida al gusto

Direcciones

a) En una sartén, caliente 2 cucharadas de aceite a fuego medio y cocine el ajo y las acelgas durante unos 3-5 minutos, retírelos del fuego y déjelos enfriar.

b) En un procesador de alimentos, agregue el aceite restante, la albahaca, el queso, las nueces y la sal marina y pulse hasta que estén bien combinados.

c) Agregue el jugo de limón y la mezcla de acelgas cocidas y pulse hasta que se forme un puré suave.

d) Sazone con sal y pimienta negra y sirva.

19. pesto francés

Porciones por Receta: 12

Ingredientes

- 1 paquete (8 oz.) de queso de cabra, ablandado
- 1 tarro (8 oz.) de pesto, o según sea necesario
- 3 tomates, picados
- 1 hogaza (8 oz.) de pan francés, en rebanadas

Direcciones

a) En un plato grande para servir, corte el queso en una capa de 1/4 de pulgada.

b) Coloque el pesto sobre el queso de manera uniforme en una capa delgada, seguido de los tomates.

c) Disfruta de este dip con el pan francés rebanado.

20. Pesto de Vietnam

Porciones por Receta: 4

Ingredientes

- 1 libra de fideos de arroz secos

- 1 1/2 taza de cilantro fresco picado

- 1/2 taza de albahaca tailandesa dulce

- 2 dientes de ajo, partidos por la mitad

- 1/2 cucharadita de bulbo de hierba de limón cortado en cubitos

- 1 chile jalapeño, sin semillas y cortado en cubitos

- 1 cucharada de salsa de pescado vegetariana

- 4 cucharadas de cacahuetes tostados en seco, picados y sin sal

- 7 cucharadas de aceite de canola

- 1/2 lima, cortada en gajos

- sal y pimienta para probar

Direcciones

a) En un recipiente grande con agua fría, remoja los fideos durante unos 30 minutos, escúrrelos y déjalos a un lado.

b) En un procesador de alimentos, agregue la albahaca, el cilantro, el ajo, el jalapeño, la hierba de limón, la salsa de pescado y 2 cucharadas de maní y pulse hasta que estén picados en trozos grandes.

c) Mientras el motor funciona lentamente, agregue el aceite y pulse hasta que quede suave.

d) Agregue los cacahuetes restantes y pulse hasta que los cacahuetes estén picados aproximadamente.

e) En una sartén grande, agregue 1/2 taza de agua y fideos a fuego medio-alto y cocine durante unos 5 minutos o hasta que la mayor parte del líquido se haya evaporado.

f) Agregue el pesto y revuelva para combinar bien y sirva de inmediato.

21. pesto de anacardos

Porciones por Receta: 16

Ingredientes

- 2 tazas de hojas de cilantro fresco

- 1 cucharadita de pimienta negra

- 1 taza de hojas de perejil fresco

- 1 cucharadita de pimienta de cayena

- 3 cucharadas de jugo de lima

- 1/2 taza de queso Asiago rallado

- 1 taza de anacardos con chile y lima

- 1/2 taza de aceite de oliva

- 1 cucharadita de sal

Direcciones

a) En un procesador de alimentos, agregue todos los ingredientes y pulse hasta que quede suave.

22. pesto fragante

Porciones por Receta: 12

Ingredientes

- 1 libra de brotes de ajo, cortados en trozos de 2 pulgadas

- 1 1/4 taza de queso parmesano rallado

- 1 taza de aceite de oliva

- 1 cucharada de jugo de limón

- pimienta negra molida al gusto

Direcciones

a) En un procesador de alimentos, agregue todos los ingredientes y pulse hasta que quede suave.

23. Salsa Pesto Secada al Sol

Porciones por Receta: 8

Ingredientes

- 1 taza de tomate secado al sol empacado

- 1/4 taza de jugo de lima

- 1 taza de almendras

- sal

- 1 chile, picado

- 1 taza de tomate picado

Direcciones

a) Antes de hacer nada, precaliente el horno a 350 F.

b) Consigue un vaso mezclador: Coloca en él el tomate seco. Cúbralo con agua hirviendo y déjelo reposar durante 16 minutos para que se ablande.

c) Extienda las almendras en una bandeja para hornear en una capa uniforme. Introduce en el horno y deja que se cocinen durante 9 min.

d) Apaga el fuego y deja que las almendras se enfríen un rato.

e) Pica las almendras en trozos grandes y déjalas a un lado.

f) Escurrir los tomates secos.

g) Consigue una licuadora: Combina en ella los tomates secos con almendras y los demás ingredientes. Mezclarlos suavemente.

h) Vierta el aderezo en un frasco y séllelo. Colóquelo en la nevera hasta que esté listo para servir.

i) Puedes servirlos aliñados con un sándwich, una carne a la parrilla o una ensalada.

24. Mezcla de pesto de Dijon

Porciones por Receta: 4

Ingredientes

- 2 cucharadas. salsa pesto preparada

- 2 cucharadas. mostaza Dijon suave

- 2 cucharadas. mayonesa

Direcciones

a) En un tazón, agregue todos los ingredientes y bata hasta que estén bien combinados.

b) Disfruta el aderezo con tu ensalada favorita.

25. pesto de tofu

Porciones por Receta: 8

Ingredientes

- 1/2 taza de almendra entera tostada

- 1 1/2 taza de hojas de cilantro sueltas

- 1 diente de ajo grande, picado

- 1/2 taza de tofu firme desmenuzado

- 3 cucharadas de jugo de lima

- 2 cucharadas de aceite de oliva

- 1/2 cucharadita de sal

- 1 chile verde pequeño, picado, sin semillas

Direcciones

a) Consigue una batidora: Coloca en ella las almendras. Púlselos varias veces hasta que queden picados.

b) Mezcle los ingredientes restantes. Mezclarlos suavemente.

c) Vierta el pesto en un frasco hermético. Sírvelo de inmediato o colócalo en el refrigerador durante 2 a 3 días.

DESAYUNO CON PESTO

26. Tortilla de pesto con queso

Porciones por Receta: 1

Ingredientes

- 1 cucharadita de aceite de oliva
- 1 tapa de hongos portobello, en rodajas
- 1/4 taza de cebolla roja picada
- 4 claras de huevo
- 1 cucharadita de agua
- sal y pimienta negra molida al gusto
- 1/4 taza de queso mozzarella bajo en grasa rallado
- 1 cucharadita de pesto preparado

Direcciones

a) En una sartén, caliente el aceite a fuego medio y cocine la cebolla y los champiñones durante unos 3-5 minutos.

b) En un tazón pequeño, agregue agua, claras de huevo, sal y pimienta negra y bata bien.

c) Agregue la mezcla de claras de huevo en la sartén y cocine, revolviendo con frecuencia, durante unos 5 minutos o hasta que las claras de huevo comiencen a estar firmes.

d) Coloque el queso sobre la tortilla, seguido del pesto y, con cuidado, doble la tortilla y cocine durante unos 2-3 minutos o hasta que el queso se derrita.

27. Quiche profesional con queso

Porciones por Receta: 8

Ingredientes

- 4 cucharadas de pesto
- 1 (9 pulgadas) masa de pastel sin hornear
- 4 cucharadas de queso de cabra desmenuzado
- 3 huevos
- 1/2 taza de crema mitad y mitad
- 1 cucharada de harina para todo uso
- 8 tomates secados al sol en aceite, escurridos y cortados en tiras
- sal y pimienta negra recién molida al gusto

Direcciones

a) Configure su horno a 400 grados F antes de hacer cualquier otra cosa.

b) En el fondo de un molde para pastel, coloque el pesto de manera uniforme y espolvoree con queso de cabra.

c) En un tazón grande, agregue la mitad y la mitad, los huevos, la harina, la sal y la pimienta negra y bata hasta que estén bien combinados.

d) Coloque la mezcla de huevo sobre el queso de cabra de manera uniforme, seguido de los tomates secados al sol.

e) Cocine todo en el horno durante unos 30 minutos.

APERITIVOS AL PESTO

28. Aceitunas al Pesto Cremoso

Porciones por Receta: 1

Ingredientes

- 1 lata (6 oz.) de atún blanco en agua, escurrido y desmenuzado

- 2 cucharadas de mayonesa

- 1 cucharada de salsa pesto de albahaca

- 1 cucharadita de jugo de limón

- 1 pizca de pimienta negra molida

- 1 tortilla de harina (10 pulgadas)

- 4 hojas de lechuga

- 1 rebanada de queso provolone

- 5 aceitunas Kalamata sin hueso, cortadas por la mitad

Direcciones

a) En un tazón, agregue el atún, el pesto, la mayonesa, la pimienta negra y el jugo de limón y revuelva suavemente para combinar.

b) En un plato apto para microondas, coloque la envoltura de tortilla y cocine en el microondas a temperatura alta durante unos 5-10 segundos o hasta que se caliente.

c) Coloque la mezcla de atún sobre la tortilla, seguida de las aceitunas, el queso y la lechuga.

d) Dobla la parte inferior de la tortilla hacia arriba unas 2 pulgadas para sellar el relleno y enrolla para formar una envoltura y sirve.

29. Tomates Rellenos Con Pesto

Porciones por Receta: 4

Ingredientes

- 10 tomates maduros pequeños
- 1/2 taza de pesto casero o comprado
- 1 taza de queso parmesano rallado

Direcciones

a) Configure su horno a 350 grados F antes de hacer cualquier otra cosa y cubra una fuente para hornear con aceite.

b) Corte los tomates por la mitad, a lo largo y deseche aproximadamente 1 cucharada de pulpa del centro.

c) Rellene las mitades de tomate con pesto y cubra con el queso de manera uniforme.

d) Coloque los tomates en la fuente para hornear preparada en una sola capa, con el lado de relleno hacia arriba.

e) Cocine todo en el horno hasta que la parte superior se dore y burbujee.

30. Aperitivos de tomate y pesto

Porciones: 20

Ingredientes

- $\frac{3}{4}$ taza de tomate picado sin semillas

- 2 cucharadas de pesto de albahaca refrigerado

- $\frac{1}{4}$ taza de queso mozzarella finamente rallado

- 1 lata (10.2 oz.) de galletas Pillsbury Buttermilk Biscuits refrigeradas

- 2 cucharadas de queso parmesano finamente rallado

Direcciones

a) Caliente el horno a 375°F. Rocíe 20 moldes para muffins pequeños con aceite en aerosol. En un tazón mediano, mezcle el tomate, el pesto y el queso mozzarella.

b) Separa la masa en 5 galletas; cortar cada uno en cuartos. Enrolle cada pieza de galleta en una bola suave; presione uno en la parte inferior y superior de cada mini molde para panecillos. Vierta aproximadamente 1 cucharada de relleno de tomate y pesto en cada taza; presione ligeramente. Espolvorear con queso parmesano.

c) Hornee de 10 a 12 minutos o hasta que los bordes de las galletas estén dorados. Retire inmediatamente de la sartén.

PIZZA AL PESTO

31. Pizza de albahaca y aceitunas

Porciones por Receta: 6

Ingredientes

- 1 masa de pizza precocida (12 pulgadas) 1/2 taza de pesto

- 1 tomate maduro, picado

- 1/2 taza de pimiento verde picado

- 1 lata (2 oz.) de aceitunas negras picadas, escurridas 1/2 cebolla roja pequeña, picada

- 1 lata (4 oz.) de corazones de alcachofa, escurridos y rebanados

- 1 taza de queso feta desmenuzado

Direcciones

a) Configure su horno a 450 grados antes de hacer cualquier otra cosa.

b) Cubra la masa de pizza con la salsa de pesto y luego coloque lo siguiente sobre la masa: queso feta, tomates, alcachofas, pimientos, cebollas rojas y aceitunas.

c) Cocine la pizza en el horno durante 12 minutos.

32. Pizza de pesto de alcachofas

Porciones por Receta: 4

Ingredientes

- 1 masa de pizza preparada

- 1/4 taza de salsa pesto

- 6 onzas. pechugas de pollo a la parrilla, en rodajas

- 1 frasco (6 oz.) de corazones de alcachofa marinados en cuartos, escurridos

- 1/3 taza de tomate seco envasado en aceite, escurrido y picado

- 2 onzas. queso de cabra con ajo y hierbas

- 1 1/2 taza de queso para pizza rallado, mezcle aceite de oliva con sabor a ajo asado, para cepillar la masa

Direcciones

a) Configure su horno a 400 grados F antes de hacer cualquier otra cosa

b) Cubre la corteza con el aceite de ajo de manera uniforme y cubre con el pesto, seguido del pollo, las alcachofas, los tomates, el queso de cabra y el queso.

c) Cocinar en el horno durante unos 10 minutos.

d) Retirar del horno y disfrutar caliente.

33. Pizza a la parrilla de Nueva York

Porciones por Receta: 6

Ingredientes

Masa

- 1 masa de pizza preparada Coberturas 1

- 1 cucharadita de aceite de oliva

- 1/2 taza de salsa para pizza

- 1 pimiento rojo pequeño, salteado hasta que se ablande

- 1 pimiento amarillo pequeño, salteado hasta que se ablande

- 1/2 cebolla, rebanada y salteada

- 3 salchichas de res, rebanadas y cocidas

- 1 taza de queso mozzarella, rallado

- 1 cucharada de condimento de hierbas italianas secas

- 1/2 cucharadita de ajo en polvo aceite de oliva

Adición

- 1/4 taza de salsa pesto

Direcciones

a) Antes de hacer nada, precalienta la parrilla y engrásala.

b) Cortar la masa en 4 piezas. Aplanarlos en una tabla enharinada en círculos de 1/4 de pulgada.

c) Cubre un lado del círculo de masa con aceite de oliva. Asarlos durante 1 a 2 min.

d) Voltéalos y luego cubre el otro lado con aceite de oliva.

e) Cubra con salsa, pimientos, cebollas, salchichas, queso, una pizca de hierbas y salsa pesto.

f) Pon la tapa y deja que las pizzas se cocinen de 2 a 3 min. Sírvelos calientes.

34. Pizza caprese de pan plano

Porciones por Receta: 4

Ingredientes

- 1 hoja de hojaldre

- 1 tomate, en rodajas

- harina

- 1/2 libra de queso mozzarella, rebanado

- lavado de huevo

- 1/2 taza de salsa pesto

Direcciones

a) Configure su horno a 425 grados F antes de hacer cualquier otra cosa y cubra una bandeja para hornear con papel pergamino.

b) Coloque la masa de hojaldre sobre una superficie ligeramente enharinada y enrolle en un rectángulo de menos de 1/4 de pulgada de grosor.

c) Coloque la masa enrollada en la bandeja para hornear preparada y cubra con el huevo batido.

d) Cocinar en el horno durante unos 10 minutos.

e) Retire del horno y extienda el pesto sobre la masa horneada de manera uniforme, seguido de las rodajas de tomate y la mozzarella.

f) Cocinar en el horno durante unos 5 minutos.

g) Disfruta caliente.

PASTAS AL PESTO

35. Pasta con pesto de queso, camarones y champiñones

Porciones por Receta: 8

Ingredientes

- 1 paquete (16 oz.) de pasta linguini

- 1 taza de pesto de albahaca preparado

- 2 cucharadas de aceite de oliva

- 1 libra de camarones cocidos, pelados y desvenados

- 1 cebolla pequeña, picada

- 20 champiñones, picados

- 8 dientes de ajo, en rodajas

- 3 tomates roma (ciruela), cortados en cubitos

- 1/2 taza de mantequilla

- 2 cucharadas de harina para todo uso

- 2 taza de leche

- 1 pizca de sal

- 1 pizca de pimienta

- 1 1/2 taza de queso romano rallado

Direcciones

a) En una cacerola grande con agua hirviendo ligeramente salada, agregue la pasta y cocine durante aproximadamente 8-10 minutos o hasta el punto de cocción deseado, escurra bien y reserve.

b) En una sartén grande, caliente el aceite a fuego medio y saltee la cebolla durante unos 4-5 minutos.

c) Agregue la mantequilla y el ajo y saltee durante aproximadamente 1 minuto.

d) Mientras tanto, en un tazón, mezcle la leche y la harina y vierta en una sartén, revolviendo continuamente.

e) Agregue la sal y la pimienta negra y cocine, revolviendo durante unos 4 minutos.

f) Agregue el queso, revolviendo continuamente hasta que se derrita por completo.

g) Agregue el pesto y los camarones, los tomates y los champiñones y cocine durante unos 4 minutos o hasta que se caliente por completo.

h) Agregue la pasta y revuelva para cubrir y sirva inmediatamente.

36. Horneado de pasta y pollo al pesto con queso

Porciones por Receta: 12

Ingredientes

- 1/2 taza de pan rallado sazonado

- 1/2 taza de queso parmesano rallado

- 1 cucharada de aceite de oliva

- 1 caja (16 oz.) de pasta penne

- 6 tazas de pollo cocido en cubos

- 4 tazas de mezcla de queso italiano rallado

- 3 tazas de espinacas tiernas frescas

- 1 lata (15 oz.) de tomates triturados

- 1 bote (15 oz.) de salsa Alfredo

- 1 bote (15 oz.) de salsa pesto

- 1 1/2 taza de leche

Direcciones

a) Configure su horno a 350 grados F antes de hacer cualquier otra cosa y cubra una fuente para hornear de 13x9 pulgadas con aceite en aerosol.

b) En un tazón pequeño, agregue el queso parmesano, el pan rallado y el aceite y mezcle hasta que estén bien combinados y reserve.

c) En una cacerola grande con agua hirviendo ligeramente salada, agregue la pasta y cocine durante aproximadamente 10-11 minutos o hasta el punto de cocción deseado, escurra bien y reserve.

d) Al mismo tiempo, en un tazón grande, agregue los ingredientes restantes y mezcle, luego agregue la pasta.

e) Coloque la mezcla de pollo sobre la fuente para hornear preparada de manera uniforme y distribuya la mezcla de queso parmesano encima de manera uniforme.

f) Cocine el plato en el horno durante 40-45 minutos o hasta que la parte superior se dore y burbujee.

37. Espirales De Pesto

Porciones por Receta: 2

Ingredientes

- 1 cucharada de aceite de oliva

- 4 calabacines pequeños, cortados en tiras en forma de fideos

- 1/2 taza de garbanzos enlatados (garbanzos) escurridos y enjuagados

- 3 cucharadas de pesto, o al gusto

- sal y pimienta negra molida al gusto

- 2 cucharadas de queso Cheddar blanco rallado, o al gusto

Direcciones

a) En una sartén, caliente el aceite a fuego medio.

b) Agregue el calabacín y cocine durante unos 5-10 minutos o hasta que se absorba todo el líquido.

c) Agregue el pesto y los garbanzos e inmediatamente reduzca el fuego a medio-bajo y cocine durante unos 5 minutos o hasta que los garbanzos y los fideos de calabacín estén completamente cubiertos.

d) Agregue la sal y la pimienta negra e inmediatamente coloque la mezcla de calabacín en platos para servir.

e) Adorne el plato con el queso y sirva inmediatamente.

38. Camarones al pesto con queso y pasta

Porciones por Receta: 8

Ingredientes

- 1 libra de pasta linguini

- 1/3 taza pesto

- 1/2 taza de mantequilla

- 1 libra de camarones grandes, pelados y desvenados

- 2 tazas de crema espesa

- 1/2 cucharadita de pimienta negra molida

- 1 taza de queso parmesano rallado

Direcciones

a) En una cacerola grande con agua hirviendo ligeramente salada, agregue la pasta y cocine durante aproximadamente 8-10 minutos o hasta el punto de cocción deseado, escurra bien y reserve.

b) Mientras tanto, derrita la mantequilla en una sartén grande a fuego medio. Agregue la crema y la pimienta negra y cocine, revolviendo continuamente durante unos 6-8 minutos.

c) Agregue el queso y revuelva hasta que esté bien combinado. Agregue el pesto y cocine, revolviendo continuamente durante unos 3-5 minutos.

d) Agregue los camarones y cocine durante unos 3-5 minutos. Servir caliente con pasta.

39. Pasta al pesto con nueces

Porciones por Receta: 8

Ingredientes

- aceite de oliva

- 2 libras. espinacas frescas, limpias

- 2 libras. queso ricota sin grasa

- 4 dientes de ajo grandes, cortados en cubitos

- 1/2 cucharadita de sal

- Pimienta negra recién molida al gusto

- 1/2 taza de queso parmesano rallado

- 1/3 taza de nueces picadas, ligeramente tostadas

- 1 bote (24 oz.) de salsa de tomate

- 16 fideos de lasaña frescos y crudos

- 1/2 libra de queso mozzarella, rallado

pesto de nuez:

- 3 tazas de hojas de albahaca fresca empacadas

- 3 dientes de ajo grandes

- 1/3 taza de nueces ligeramente tostadas

- 1/3 taza de aceite de oliva virgen extra

- 1/3 taza de queso parmesano rallado

- Sal y pimienta para probar

- Aceite de oliva extra virgen adicional (para almacenamiento)

Direcciones

a) Configure su horno a 350 grados F antes de hacer cualquier otra cosa y cubra una cacerola de 13x9 pulgadas con un poco de aceite en aerosol.

b) Para el pesto, en un procesador de alimentos, agregue la albahaca, el ajo y las nueces y pulse hasta que estén finamente picados. Mientras el motor funciona lentamente, agregue el aceite y pulse hasta que quede suave y transfiéralo a un tazón y mezcle el queso parmesano, la sal y la pimienta negra.

c) En un tazón grande, mezcle el queso cottage o ricotta, la mitad del parmesano, el pesto, las espinacas, el ajo, las nueces, la sal y la pimienta negra.

d) Coloque la mitad de la salsa de tomate en el fondo de la fuente para hornear preparada y coloque 1 capa de fideos de lasaña crudos sobre la salsa de tomate.

e) Coloque un tercio de la mezcla de espinacas sobre los fideos, seguido de 1/3 de la mozzarella. Repita las capas una vez y termine con la última capa de fideos.

f) Tape y cocine en el horno durante unos 35 minutos.

g) Destape la cacerola y espolvoree la parte superior de la lasaña con el queso parmesano reservado y cocine por 15 minutos más.

40. Lasaña al pesto

Porciones por Receta: 8

Ingredientes

- 1/4 taza de piñones

- 3 tazas de hojas de albahaca fresca

- 3/4 taza de queso parmesano rallado

- 1/2 taza de aceite de oliva

- 4 dientes de ajo

- 12 fideos de lasaña

- Spray para cocinar

- 3 cucharadas de aceite de oliva

- 1 taza de cebolla picada

- 2 paquetes (12 oz.) de espinacas picadas congeladas

- 3 dientes de ajo, machacados

- 3 tazas de pechuga de pollo cocida cortada en cubitos

- 1 cucharadita de sal

- 1 cucharadita de pimienta negra molida

- 2 tazas de queso ricota

- 3/4 taza de queso parmesano rallado

- 1 huevo

- 2 tazas de queso mozzarella rallado

Direcciones

a) Configure su horno a 350 grados F antes de hacer cualquier otra cosa y cubra una cacerola de 13x9 pulgadas con un poco de aceite en aerosol.

b) En una sartén antiadherente caliente, agregue los piñones a fuego medio y cocine, revolviendo con frecuencia durante unos 3 minutos o hasta que estén tostados.

c) En un procesador de alimentos, agregue los piñones tostados y los ingredientes restantes del pesto y pulse hasta que quede suave y reserve.

d) Para la lasaña, en una cacerola grande con agua hirviendo ligeramente salada, agregue los fideos de lasaña y cocínelos durante unos 8-10 minutos o hasta el punto de cocción deseado, escurra bien y reserve.

e) En una sartén grande, caliente el aceite a fuego medio-alto y saltee la cebolla y el ajo durante unos 5 minutos.

f) Agregue las espinacas y cocine por unos 5 minutos.

g) Agregue el pollo y cocine durante unos 5 minutos y agregue un poco de sal y pimienta negra y retire del fuego y deje que se enfríe.

h) En un tazón, mezcle el parmesano, la ricota, el huevo, 1 1/2 taza de pesto y la mezcla de pollo.

i) Coloque el pesto restante en el fondo de la cacerola preparada de manera uniforme y cubra todo con 4 fideos de lasaña.

j) Coloque un tercio de la mezcla de pollo sobre los fideos de manera uniforme y luego un tercio de la mozzarella y repita las capas dos veces.

k) Cocine todo en el horno durante unos 35-40 minutos o hasta que la parte superior se dore y burbujee.

41. Pasta con pesto de verduras

Porciones por Receta: 8

Ingredientes

- 1 taza de hojas de albahaca fresca
- 2 dientes de ajo, picados
- 1/4 taza de piñones
- 1/2 taza de queso parmesano
- 1/4 taza de aceite de oliva
- 2 cucharadas de jugo de limón
- 4 tazas de mini pasta penne
- 1 cucharada de aceite de oliva
- 1 cucharada de aceite de oliva
- 1/4 taza de piñones
- 1 taza de espárragos picados
- 1/2 taza de calabacín en rodajas
- 1/2 taza de aceitunas Kalamata en rodajas
- 1/2 taza de pimiento rojo asado cortado en cubitos
- 1/2 taza de tomates secados al sol picados

- 1/2 taza de queso parmesano rallado

Direcciones

a) En una cacerola grande con agua hirviendo ligeramente salada, agregue la pasta y cocine durante unos 11 minutos o hasta el punto de cocción deseado, escúrrala bien y transfiérala a un recipiente con 1 cucharada de aceite y reserve.

b) Mientras tanto, en un procesador de alimentos, agregue albahaca, ajo, 1/2 taza de queso, 1/4 taza de aceite, 1/4 taza de piñones y jugo de limón y triture hasta que quede suave y reserve.

c) En una sartén grande, caliente el aceite restante a fuego medio y cocine el 1/4 de taza restante de piñones.

d) Cocine hasta que estén doradas y transfiéralas a un plato y reserve.

e) En la misma sartén, agregue los ingredientes restantes excepto el queso y cocine durante unos 5-7 minutos y agregue los piñones.

f) Agregue la cantidad deseada de pesto y pasta y revuelva para combinar.

g) Servir inmediatamente con una guarnición de queso.

42. Espaguetis al pesto

Porciones por Receta: 4

Ingredientes

- 1 1/2 taza de perejil picado

- 1 taza de aceite

- 4 cucharadas de albahaca picada

- 3 onzas. Queso parmesano rallado

- sal

- 26,5 onzas espaguetis

- pimienta

- 2 onzas. manteca

- 1 diente de ajo

- queso parmesano

- 2 onzas. almendra molida

- 2 onzas. nueces

Direcciones

a) Prepara los espaguetis siguiendo las instrucciones del paquete. Escurrirlo.

b) Consigue un procesador de alimentos: Coloca en él el perejil, la albahaca, la sal, la pimienta, el ajo machacado, las almendras, las nueces y el aceite. Mezclarlos suavemente.

c) Consigue un bol para mezclar: Revuelve en él la mantequilla con la pasta caliente.

d) Agregue la salsa pesto con una pizca de sal y pimienta.

e) Espolvorea un poco de queso parmesano por encima. Sírvelo de inmediato.

43. Alfredo lasaña

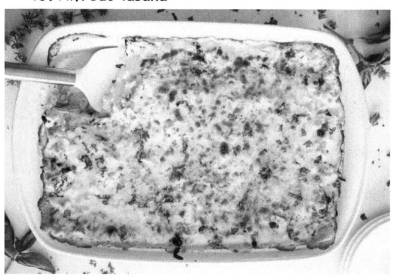

Porciones por Receta: 8

Ingredientes

- 1 paquete (16 oz.) de fideos para lasaña

- 2 cucharadas de aceite de oliva

- 1 cebolla pequeña, picada

- 1 paquete (16 oz.) de espinacas picadas congeladas, descongeladas

- 7 onzas pesto de albahaca

- 30 onzas queso ricotta

- 1 huevo

- 1/2 cucharadita de sal

- 1/4 cucharadita de pimienta negra molida

- 1/4 cucharadita de nuez moscada molida

- 2 tazas de queso mozzarella, rallado

- 9 onzas Salsa para pasta al estilo Alfredo

- 1/4 taza de queso parmesano rallado

Direcciones

a) Configura tu horno a 350 grados antes de hacer cualquier otra cosa.

b) Cubra su fuente para hornear con spray antiadherente o aceite.

c) Tome un tazón, mezcle: huevos batidos, nuez moscada, pimienta, ricota y sal.

d) Hervir la pasta durante 9 minutos en agua salada. Retire todo el líquido.

e) Sofreír las espinacas y las cebollas con aceite de oliva. Hasta que las cebollas estén tiernas. Apague el fuego y luego agregue el pesto.

f) Agregue todo a un plato de la siguiente manera: fideos, espinacas, ricotta, mozzarella. Continúe hasta que todo esté usado. Decorar con un poco de parmesano.

g) Cocine por 50 minutos. Mientras esté cubierto. Deja reposar todo durante 10 minutos.

44. Ñoquis de ajo y albahaca

Porciones por Receta: 4

Ingredientes

- 2 tazas de albahaca fresca, bien empaquetada

- 1/4 taza de piñones, ligeramente tostados

- 2 dientes de ajo, picados

- 1/3 taza de aceite de oliva virgen extra

- 1/2 taza de queso parmesano, rallado Salsa

- 2 cucharaditas de aceite de oliva

- 1 diente de ajo, machacado

- 300 ml de crema

- 500 g de ñoquis de patata

- sal y pimienta

- 1 cucharada de jugo de limón

- albahaca fresca, para decorar

- rodaja de limón, para servir

Direcciones

a) Para el pesto en un procesador de alimentos, agregue la albahaca, los piñones y el ajo y triture hasta que quede suave.

b) Mientras el motor funciona lentamente, agregue el aceite, pulsando hasta que esté bien combinado. Agregue el queso parmesano y pulse hasta que quede suave.

c) En una sartén pequeña, caliente el aceite a fuego medio y saltee el ajo durante aproximadamente 1 minuto.

d) Añadir la nata y 3 cucharadas de pesto y llevar a ebullición.

e) Reduzca el fuego a bajo y cocine a fuego lento durante unos 3 minutos.

f) Mientras tanto, cocina los ñoquis según las instrucciones del paquete.

g) Escurra bien y transfiera los ñoquis en un tazón grande con la salsa y revuelva para combinar.

h) Agregue la sal, la pimienta y el jugo de limón justo antes de servir.

i) Servir con una guarnición de albahaca y junto con las rodajas de limón.

45. Ñoquis al pesto

Porciones por Receta: 4

Ingredientes

- 1 cucharada de aceite de oliva

- 1 mitad de pechuga de pollo deshuesada y sin piel, cortada en cubos de 1 1/2 pulgada

- sal y pimienta negra molida al gusto 2 Cucharadas de caldo de pollo

- 1 8 onzas pesto preparado en tarro

- 1 12 onzas paquete de ñoquis de patata

- 4 onzas. pequeñas bolas de mozzarella fresca

Direcciones

a) Sazone las piezas de pollo con la sal y la pimienta de manera uniforme.

b) En una sartén, caliente el aceite de oliva y cocine durante unos 7-10 minutos.

c) Con una espumadera, transfiera el pollo a un tazón, reservando la grasa en la sartén.

d) En la misma sartén, agregue el caldo de pollo y deje hervir, raspando los trozos dorados del fondo de la sartén con una cuchara de madera.

e) Cocine durante unos 7-10 minutos.

f) Agregue el pollo cocido y el pesto y retire del fuego.

g) En una cacerola grande con agua hirviendo ligeramente salada, cocine los ñoquis a fuego alto durante unos 3 minutos.

h) Con una espumadera, transfiera los ñoquis, reservando el agua en la sartén.

i) Coloque la cacerola de la mezcla de pollo sobre el agua hirviendo y cocine por unos 5 minutos, revolviendo ocasionalmente.

j) Transfiera los ñoquis a los platos para servir y cubra con la mezcla de pollo.

k) Agregue la mozzarella y revuelva hasta que esté bien combinado.

46. pesto de parmesano

Porciones por Receta: 8

Ingredientes

- 1 paquete (16 oz.) de pasta penne

- 2 cucharadas de mantequilla

- 2 cucharadas de aceite de oliva

- 4 mitades de pechuga de pollo deshuesadas y sin piel, cortadas en tiras finas

- 2 dientes de ajo picados sal y pimienta al gusto

- 1 1/4 taza de crema espesa

- 1/4 taza pesto

- 3 cucharadas de queso parmesano rallado

Direcciones

a) En una cacerola grande con agua hirviendo ligeramente salada, agregue la pasta y cocine durante aproximadamente 8-10 minutos o hasta el punto de cocción deseado, escurra bien y reserve.

b) En una sartén grande, caliente el aceite y la mantequilla a fuego medio y cocine el pollo durante unos 5-6 minutos o hasta que esté casi cocido.

c) Reduzca el fuego a medio-bajo y agregue los ingredientes restantes y cocine hasta que el pollo esté completamente cocido.

d) Agregue la pasta y revuelva para cubrir bien y sirva inmediatamente.

PLATOS AL PESTO

47. pollo con albahaca

Porciones por Receta: 4

Ingredientes

- 4 mitades de pechuga de pollo deshuesadas y sin piel
- 1/2 taza de pesto de albahaca preparado, cantidad dividida
- 4 rebanadas finas de prosciutto, o más si es necesario

Direcciones

a) Cubra una fuente para hornear con aceite y luego configure su horno a 400 grados antes de hacer cualquier otra cosa.

b) Cubra cada trozo de pollo con 2 cucharadas de pesto y luego cubra cada uno con un trozo de prosciutto.

c) Luego coloque todo en el plato.

d) Cocine todo en el horno durante 30 minutos hasta que el pollo esté completamente cocido.

e) Disfrutar.

48. Pesto De Espinacas Con Queso

Porciones por Receta: 24

Ingredientes

- 1 1/2 taza de hojas de espinaca baby
- 3/4 taza de hojas de albahaca fresca
- 1/2 taza de piñones tostados
- 1/2 taza de queso parmesano rallado
- 4 dientes de ajo, pelados y cortados en cuartos
- 3/4 cucharadita de sal kosher
- 1/2 cucharadita de pimienta negra recién molida
- 1 cucharada de jugo de limón fresco
- 1/2 cucharadita de ralladura de limón
- 1/2 taza de aceite de oliva virgen extra

Direcciones

a) En un procesador de alimentos, agregue 2 cucharadas de aceite y los ingredientes restantes y pulse hasta que estén bien combinados.

b) Mientras el motor funciona lentamente, agregue el aceite restante y pulse hasta que quede suave.

49. pesto de provolone

Porciones por Receta: 1

Ingredientes

- 2 rebanadas de pan italiano

- 2 rodajas de tomate

- 1 cucharada de mantequilla ablandada, dividida

- 1 rebanada de queso americano

- 1 cucharada de salsa pesto preparada, cantidad dividida

- 1 rebanada de queso provolone

Direcciones

a) Extienda 1/2 cucharadas de mantequilla sobre 1 rebanada de manera uniforme. En una sartén antiadherente, coloque la rebanada, con el lado enmantequillado hacia abajo, a fuego medio.

b) Coloque 1/2 cucharadas de pesto en la parte superior de la rebanada untada con mantequilla de manera uniforme, seguido de una rebanada de queso provolone, rebanadas de tomate y una rebanada de queso americano.

c) Coloque el pesto restante sobre otra rebanada de manera uniforme y cubra la rebanada en la sartén, con el pesto hacia abajo.

d) Ahora, extienda la mantequilla restante sobre el sándwich y cocine todo durante unos 5 minutos por ambos lados o hasta que esté dorado.

50. Albóndigas De Pesto Rellenas De Queso

Porciones por Receta: 12

Ingredientes

- 3 libras pavo molido

- 1 taza de cebolla finamente picada

- 4 dientes de ajo, cortados en cubitos

- 1 huevo

- 1 taza de pan rallado estilo italiano

- 1/2 taza de queso Parmigiano-Reggiano rallado

- 1/2 taza de perejil de hoja plana fresco picado

- 1/4 taza de pesto preparado

- 1/4 taza de leche

- 1 cucharada de sal

- 2 cucharaditas de pimienta negra molida fresca

- 1 libra de queso mozzarella fresco, cortado en cubos pequeños

- 3 cucharadas de aceite de oliva virgen extra

- 2 frascos (24 oz.) de salsa marinara

Direcciones

a) Configure su horno a 375 grados F antes de hacer cualquier otra cosa.

b) En un tazón grande, agregue el pavo, el huevo, el queso Parmigiano-Reggiano, el pesto, la leche, el pan rallado, la cebolla, el ajo, el perejil, la sal y la pimienta negra y mezcle hasta que estén bien combinados y forme albóndigas de 1 pulgada.

c) Con los dedos, crea un agujero en el centro de cada bola y rellena los agujeros con cubos de mozzarella.

d) En una sartén antiadherente, coloque las albóndigas en una sola capa y rocíe con aceite de manera uniforme.

e) Cocine las albóndigas en el horno durante 30 minutos o hasta el punto de cocción deseado.

f) En una sartén, agregue la salsa marinara a fuego lento y deje hervir a fuego lento.

g) Con cuidado, coloque las albóndigas en una sartén con salsa marinara y déjelas cocinar durante al menos 2 minutos.

51. Pasta con pesto de pollo y espinacas

Porciones por Receta: 4

Ingredientes

- 2 cucharadas de aceite de oliva

- 2 dientes de ajo, finamente picados

- 4 mitades de pechuga de pollo deshuesadas y sin piel, cortadas en tiras

- 2 tazas de hojas de espinacas frescas

- 1 paquete (4.5 oz.) de mezcla de salsa Alfredo seca

- 2 cucharadas de pesto

- 1 paquete (8 oz.) de pasta penne seca

- 1 cucharada de queso romano rallado

Direcciones

a) En una sartén grande, caliente el aceite a fuego medio-alto y saltee el ajo durante aproximadamente 1 minuto.

b) Agregue el pollo y cocine durante unos 7-8 minutos por ambos lados y agregue las espinacas y cocine durante unos 3-4 minutos.

c) Al mismo tiempo, prepare la salsa Alfredo según las instrucciones del paquete y agregue el pesto y revuelva para combinar y reserve.

d) En una cacerola grande con agua hirviendo ligeramente salada, agregue la pasta y cocine durante unos 8-10 minutos o hasta el punto de cocción deseado y escurra bien.

e) En un tazón grande, agregue la pasta cocida, la mezcla de pollo y la mezcla de pesto y revuelva para cubrir bien.

f) Servir inmediatamente con una guarnición de queso.

52. Berenjena Asada

Porciones por Receta: 2

Ingredientes

- 1/2 taza de aceite de oliva, para freír

- 2 berenjenas grandes, cortadas por la mitad a lo largo

- 1 pizca de sal y pimienta negra molida al gusto

- 1/4 taza de hojas de albahaca fresca

- 3 dientes de ajo, picados

- 2 cucharadas de piñones

- 2 cucharadas de queso parmesano recién rallado

- 3 cucharadas de aceite de oliva virgen extra, para pesto

Direcciones

a) Ajuste el asador de su horno a bajo y coloque la rejilla a unas 6 pulgadas del elemento calefactor.

b) Con un cuchillo afilado, corte ranuras en forma de cruz en cada mitad de berenjena (tenga cuidado de no perforar la piel) y sazone la berenjena con sal y pimienta negra.

c) En una sartén grande, caliente 1/2 taza de aceite de oliva a fuego medio.

d) Con cuidado, coloque las mitades de berenjena en la sartén, con la piel hacia arriba y cocine durante unos 10 minutos o hasta que estén doradas.

e) Cambie el lado y cocine durante aproximadamente 2-3 minutos y transfiéralo a un plato forrado con toallas de papel.

f) Mientras tanto, en un procesador de alimentos, agregue la albahaca, el ajo, el queso, los piñones y la mitad del aceite y pulse hasta que estén bien combinados.

g) Mientras el motor funciona lentamente, agregue el aceite restante y pulse hasta que quede suave.

h) En una asadera, coloque las mitades de berenjena, con la piel hacia abajo y cubra cada mitad con pesto.

i) Ase a la parrilla durante unos 7-10 minutos o hasta que la parte superior se vuelva burbujeante.

53. Pesto Mixto

Porciones por Receta: 4

Ingredientes

- 6 1/2 taza de agua

- 1 calabacín grande, en cubos

- 6 cubitos de caldo de verduras

- 2 cucharadas de pesto de tomates secos

- 2 papas medianas, en cubos

- 2 zanahorias, cortadas en cubitos

- 1 cebolla mediana, picada

Direcciones

a) En una cacerola grande, agregue el agua y lleve a ebullición a fuego medio y disuelva completamente los cubitos de caldo de verduras.

b) Agregue todas las verduras y cocine durante unos 10 minutos y reduzca el fuego a bajo.

c) Agregue el pesto y cocine a fuego lento durante unos 35 minutos o hasta que las papas estén completamente cocidas.

54. Calabacines Con Pesto Y Queso

Porciones por Receta: 4

Ingredientes

- 4 calabacines, en rodajas
- 1 taza de pesto de albahaca
- 4 cucharadas de queso parmesano

Direcciones

a) En una vaporera, coloque los calabacines sobre aproximadamente 1 pulgada de agua hirviendo.

b) Cocine tapado durante aproximadamente 2 a 6 minutos o hasta lograr el punto de cocción deseado.

c) Transfiera los calabacines a un tazón para servir con el pesto y mezcle bien.

d) Servir con una guarnición de queso.

55. Macarrones en salsa cremosa de carne

Porciones por Receta: 6

Ingredientes

- 1 paquete (16 oz.) de macarrones con codo

- 1/2 taza de crema agria

- 1 libra de carne molida

- 1/2 taza de pesto

Direcciones

a) En una cacerola grande con agua hirviendo ligeramente salada, agregue los macarrones y cocine durante unos 8-10 minutos o hasta el punto de cocción deseado, escurra bien y reserve.

b) En una sartén grande, caliente el aceite a fuego medio-alto y cocine la carne durante unos 5-7 minutos o hasta que se dore y escurra toda la grasa.

c) Agregue la crema y el pesto y revuelva para combinar.

d) Cocine hasta que se caliente por completo.

e) Agregue los macarrones y sirva inmediatamente.

56. bistec al pesto

Porciones por Receta: 6

Ingredientes

- 4 dientes de ajo

- 2 tazas de hojas de albahaca fresca empacadas

- 1/3 taza de piñones

- 1/2 taza de aceite de oliva virgen extra

- 1/2 taza de queso parmesano recién rallado

- 1 1/2 cucharadas de jugo de limón fresco

- 3/4 cucharadita de hojuelas de pimiento rojo

- 6 bistecs de hierro plano (6 oz.)

- 2 dientes de ajo grandes, cortados en cubitos

- sal y pimienta para probar

Direcciones

a) Ponga su parrilla a fuego medio-alto y cubra la rejilla de la parrilla con un poco de aceite en aerosol.

b) En un procesador de alimentos, agregue la albahaca, 4 dientes de ajo y piñones y pulse hasta que estén picados finamente.

c) Mientras el motor funciona lentamente, agregue el aceite y pulse hasta que quede suave.

d) Agregue el jugo de limón, el queso, las hojuelas de pimiento rojo, la sal y la pimienta negra y pulse hasta que estén bien combinados y suaves y reserve.

e) Frote el filete con los 2 dientes de ajo restantes de manera uniforme y espolvoree con sal y pimienta negra.

f) Cocine el bistec a la parrilla durante unos 4 minutos por ambos lados, cubriendo con un poco de mezcla de pesto de vez en cuando.

g) Sirva el bistec con una cobertura del pesto restante.

57. Pesto Rosa Pilaf

Porciones por Receta: 4

Ingredientes

- 1 1/2 libras filetes de salmón, cortados en cubos de 1 pulgada

- 1/3 taza pesto

- 2 cucharadas de mantequilla

- 2 chalotes, finamente picados

- 1 taza de arroz blanco de grano largo crudo

- 2 1/2 taza de caldo de pescado

- 2/3 taza de vino blanco seco

Direcciones

a) En un tazón, agregue el salmón y el pesto y revuelva para cubrir bien y reserve.

b) Derrita la mantequilla en una sartén a fuego medio y saltee los chalotes durante unos 2-3 minutos o hasta que estén tiernos.

c) Agregue el vino, el caldo y el arroz y revuelva para combinar y llevar a ebullición.

d) Reduzca el fuego a bajo y cocine a fuego lento, tapado, durante unos 15 minutos.

e) Destape la sartén y coloque el salmón sobre el arroz y cocine a fuego lento, tapado durante unos 25-30 minutos o hasta que el salmón y el arroz estén completamente cocidos.

58. Pescado al pesto

Porciones por Receta: 4

Ingredientes

- 1/4 taza de piñones

- 1/2 taza de albahaca fresca picada en trozos grandes

- 1/4 taza de queso parmesano rallado

- 1 diente de ajo, cortado en cubitos

- 3 cucharadas de aceite de oliva virgen extra

- sal y pimienta negra recién molida al gusto

- 1 libra de filete de salmón

Direcciones

a) Configura la parrilla a fuego medio-alto y cubre la parrilla con un poco de aceite en aerosol.

b) Agregue los piñones en una sartén antiadherente pequeña precalentada a fuego medio y cocine, revolviendo durante unos 5 minutos o hasta que estén tostados.

c) En un procesador de alimentos, agregue piñones tostados, queso parmesano, albahaca y ajo y pulse hasta que se forme una pasta espesa.

d) Mientras el motor funciona lentamente, agregue el aceite y pulse hasta que quede suave y sazone con sal y pimienta negra.

e) Coloque los filetes de salmón sobre la rejilla de la parrilla, con la piel hacia abajo y cocine tapados durante unos 8-15 minutos o hasta que el salmón esté cocido en 2/3.

f) Ahora, coloque los filetes de salmón en una bandeja para hornear y cubra cada filete con pesto de manera uniforme.

g) Configure el asador de su horno para calentar y coloque la rejilla a unas 6 pulgadas del elemento calefactor.

h) Ase los filetes de salmón durante unos 5 minutos o hasta que el salmón esté cocido y el pesto se vuelva burbujeante.

59. Risotto de pesto con parmesano

Porciones por Receta: 2

Ingredientes

- 1 taza de arroz risotto (Arborio)

- 2 1/2 taza de caldo de pollo

- 1 cucharada de mantequilla

- 1 pimiento rojo picado

- 1 cebolla, picada

- 1 tomate, picado

- 1/2 calabacín, picado

- 1/3 taza de guisantes

- 1/2 taza de champiñones, en rodajas

- 2 -3 cucharadas de salsa pesto

- queso parmesano, rallado

- sal y pimienta

Direcciones

a) Coloca una olla honda a fuego medio. Calentar en ella la mantequilla. Cocinar en ella la cebolla durante 2 min.

b) Agregue la pimienta y cocine por 2 min. Baje el fuego y agregue el arroz.

c) Cocínalos durante 1 min. Agregue 1/4 taza de caldo y cocínelos hasta que el arroz lo absorba mientras revuelve.

d) Agregue el tomate con calabacín. Cocínelos durante 22 minutos mientras revuelve agregando más caldo cuando sea necesario.

e) Agregue los champiñones con una pizca de sal y pimienta. Cocínalos durante 5 min mientras revuelves.

f) Agregue los guisantes con el caldo restante. Sazonarlos con una pizca de sal y pimienta.

g) Sirva su risotto tibio con los ingredientes de su elección.

60. tilapia tennessee

Porciones por Receta: 2

Ingredientes

- 1/2 pinta de tomates cherry

- sal y pimienta

- 4 dientes de ajo, picados   Adición

- 2 cucharaditas de aceite de oliva virgen extra

- rodaja de limón

- 2 cucharadas de salsa pesto

- 1 limón

- 2 filetes de tilapia (4 oz.)

Direcciones

a) Configure su horno a 425 grados F antes de hacer cualquier otra cosa.

b) En un tazón, agregue los tomates, el ajo, el aceite de oliva y un poco de sal y pimienta y mezcle suavemente.

c) Transfiera la mezcla a una bandeja para hornear y cocine en el horno durante unos 10 minutos.

d) En un tazón, agregue un poco de jugo de limón y pesto y mezcle bien.

e) Sazone los filetes de tilapia con sal y pimienta.

f) Extienda la mezcla de pesto sobre la parte superior de cada filete de tilapia.

g) Corta las mitades de limón exprimidas por la mitad nuevamente.

h) Coloque 4 trozos de limón en una bandeja para hornear.

i) Coloque cada filete sobre 2 trozos de limón.

j) Cocinar en el horno durante unos 10 minutos.

k) Coloque 1 filete en cada plato para servir.

l) Divide la mezcla de tomate en ambos platos.

m) Servir junto con las rodajas de limón.

61. Albahaca Puttanesca Mejillones

Porciones por Receta: 4

Ingredientes

- 1/2 taza de albahaca

- 1/2 taza de perejil italiano

- 1/2 taza de nueces

- 1/4 taza de aceite de oliva

- 2 dientes de ajo picados

- 2 cucharadas de jugo de limón

- 1/2 cucharadita de sal

- 8 oz. pasta cabello de ángel

- 2 pimientos rojos dulces picados

- 1 tomate picado

- 1/8 taza de tomate seco envasado en aceite

- 2 cucharadas de queso feta desmenuzado

- 1/8 taza de aceituna picada, de tu elección

- 1 cucharadita de alcaparras

- 3 2/3 onzas mejillones ahumados

- pimienta

Direcciones

a) Para el pesto en un procesador de alimentos, agregue nueces, hierbas frescas, ajo, jugo de limón, aceite de oliva y sal y pulse hasta que quede suave.

b) Prepara la pasta según las instrucciones del paquete.

c) En una fuente grande para servir, coloque el pesto, la pasta y los ingredientes restantes y revuelva para cubrir bien.

62. Chuletas De Pollo De Pensilvania

Porciones por Receta: 1

Ingredientes

- 2 cucharadas de vinagreta balsámica

- 1/2 hogaza de pan de focaccia, cortado horizontalmente

- 1 taza de ensalada verde mixta empacada suelta

- 3 -4 rodajas de tomates maduros en rama

- 3 -4 rebanadas de cebollas rojas

- 3 onzas. pechugas de pollo deshuesadas y sin piel, a la parrilla y en rodajas

- 1 cucharada de mayonesa

- 1 cucharada de pesto de albahaca

Direcciones

a) Coloque la rebanada de pan inferior en un plato. Rociar por encima la vinagreta balsámica.

b) Coloque encima la ensalada de hojas verdes seguida de tomate, cebolla en rodajas y pechuga de pollo.

c) Consigue un tazón para mezclar: bate el pesto con mayonesa. Rocíe la mezcla sobre las rebanadas de pechuga de pollo.

d) Cubre el sándwich con la rebanada de pan superior. Sírvelo de inmediato.

e) Disfrutar.

63. Pescado al Pesto de Limón

Porciones por Receta: 4

Ingredientes

- 2 libras. filetes de salmón, deshuesados

- 1/2 taza de vino blanco

- 2 limones

- 1 1/2 taza pesto

Direcciones

a) Cubra una fuente para hornear con aceite y luego coloque los trozos de pescado con la piel del pescado hacia abajo.

b) Cubre el pescado con el jugo de un limón recién exprimido y luego cubre todo con el vino.

c) Deje reposar el pescado en el plato durante 20 minutos.

d) Ahora caliente el asador de su horno antes de hacer cualquier otra cosa.

e) Coloque el pesto sobre los trozos de pescado de manera uniforme y cocine todo debajo del asador.

f) Por cada 1 pulgada de grosor en su pescado. Ase a la parrilla durante 9 minutos.

g) Ahora saca el pescado del horno y cúbrelo con el jugo de un segundo limón recién exprimido.

h) Corta el resto del limón en trozos finos y colócalos sobre el pescado.

64. Ojo de costilla con chimichurri de California

Porciones por Receta: 4

Ingredientes

- 2 filetes de costilla

- 1/4 taza de salsa pesto

- 2 cucharadas de queso parmesano rallado

- 1 cucharada de aceite de oliva

pesto

- 2 tazas de hojas de albahaca, envasadas

- 1/2 taza de queso romano rallado

- 1/2 taza de aceite de oliva virgen extra

- 1/3 taza de piñones

- 3 dientes de ajo de tamaño mediano, picados

- sal y pimienta negra molida

Direcciones

a) Ponga su parrilla a fuego medio y engrase ligeramente la rejilla de la parrilla.

b) Para el pesto: en una licuadora, agregue los piñones, la albahaca y el ajo y triture hasta que estén finamente picados.

c) Mientras el motor está funcionando, agregue lentamente el aceite y pulse hasta que esté bien combinado. Agregue el queso romano, una pizca de sal y pimienta negra y pulse hasta que estén bien combinados.

d) Pasar el pesto a un bol. Agregue el queso parmesano y mezcle bien. Con un cuchillo afilado, haga un corte horizontal dentro de cada filete de res para crear un bolsillo.

e) Coloque la mezcla de pesto dentro del bolsillo de cada bistec de manera uniforme y con los dedos, presione los bolsillos para cerrarlos.

f) Rocíe cada bolsillo con aceite de manera uniforme.

g) Coloque los bolsillos de bistec en la parrilla a unas 4-5 pulgadas del elemento calefactor.

h) Tape y cocine a la parrilla durante unos 6-7 minutos por lado.

i) Retire los bistecs de la parrilla y colóquelos en una tabla para cortar.

j) Corta cada uno en tiras gruesas y disfruta.

65. Pecanas, parmesano y pesto cuscús

Porciones por Receta: 4

Ingredientes

- 2/3 taza de nueces pecanas

- 1 cucharada de mantequilla

- 1 1/2 taza de champiñones frescos cortados en cuartos

- 1 cebolla, picada

- 1 cucharada de ajo fresco picado

- 2 cucharaditas de mantequilla

- 1 1/4 taza de agua

- 1 caja (5.8 oz.) de cuscús

- 1 botella (8.5 oz.) de pesto de tomates secados al sol

- 1/3 taza de queso parmesano finamente rallado, o más al gusto

- sal y pimienta negra molida al gusto

Direcciones

a) Tostar las nueces en el horno en una cacerola durante 25 minutos.

b) Mientras tanto, sofreír el ajo, la cebolla y los champiñones en 1 cucharada de mantequilla durante 9 minutos. Luego colócalo todo en un tazón.

c) Derrita 2 cucharadas más de mantequilla y luego agregue el agua para que hierva.

d) Una vez que todo esté hirviendo, agregue su cuscús a un tazón grande y luego combínelo con el agua hirviendo.

e) Coloque una cubierta en el recipiente de envoltura de plástico y déjelo reposar durante 12 minutos.

f) Después de que todo el líquido se haya absorbido, revuélvelo con un tenedor.

g) Agregue el pesto, las nueces, el queso parmesano y los champiñones al cuscús y luego agregue un poco de pimienta y sal.

h) Mezclar todo uniformemente.

66. Pesto de pollo camboyano

Porciones por Receta: 2

Ingredientes

- 500 g de muslos de pollo picados

- 1 cucharadita de salsa de ostras

- 1 manojo de hojas de albahaca

- 1 cucharadita de salsa de soja dulce negra

- 4 chiles picantes, picados

- 2 cucharadas de aceite de cocina

- 1 puñado de maní

- 150 ml de agua

- 1 cucharada de ajo picado

- 1 cucharada de salsa de pescado

Direcciones

a) En una sartén, caliente el aceite y cocine el pollo, los chiles, el ajo, la salsa de pescado y el agua por unos 10 minutos.

b) Agregue la albahaca, los cacahuetes, la salsa de soja dulce y la salsa de ostras y cocine durante unos 2 minutos.

67. Pesto De Bagre

Porciones por Receta: 4

Ingredientes

- 3 cucharadas de mantequilla, dividida

- 1 paquete (16 oz.) de maíz en grano entero congelado

- 1 cebolla, mediana y picada

- 1 pimiento verde, de tamaño mediano, picado

- 1 pimiento rojo, de tamaño mediano, picado

- 3/4 cucharadita de sal

- 3/4 cucharadita de pimienta blanca

- 1/2 taza de harina

- 1/4 taza de harina de maíz amarillo

- 1 cucharada de sazón criollo

- 32 onzas filetes de bagre

- 1/3 taza de suero de leche

- 1 cucharada de aceite vegetal

- 1/2 taza de crema para batir

- 2 cucharadas de albahaca, picada

Direcciones

a) Coloque una sartén a fuego alto. Calentar en ella 2 cucharadas de mantequilla. Sofreír en ella los elotes, cebollas, morrones, sal y pimienta por 4 min.

b) Consiga un recipiente hondo: mezcle en él la harina, la harina de maíz y el condimento criollo.

c) Sumerja los filetes de pescado en el suero de leche y luego cúbralos con la mezcla de harina.

d) Coloque una sartén grande a fuego medio. Calentar en ella 1 Cucharada de mantequilla con aceite. Freír en ella los filetes de pescado de 3 a 4 min por cada lado.

e) Escurra los filetes de pescado y colóquelos en platos para servir. Revuelva la crema con albahaca en la misma sartén.

f) Calentar durante 1 a 2 min. Apaga el fuego.

g) Vierta sobre ellos los filetes con la mezcla de verduras. Rocíe la salsa de albahaca encima.

h) Sírvelas enseguida con un poco de arroz.

PANINI, SÁNDWICHES Y WRAPS

68. Sándwich abierto de pesto con queso

Porciones por Receta: 8

Ingredientes

- 1 (1 libra) barra de baguette francesa

- 2/3 taza de mayonesa

- 1/3 taza de pesto de albahaca

- 2 dientes de ajo, picados

- 1/2 taza de queso parmesano recién rallado

- sal al gusto

Direcciones

a) Configura tu horno para asar antes de hacer cualquier otra cosa.

b) En una bandeja para hornear galletas, coloque las rebanadas de pan en una sola capa y ase a la parrilla durante unos 5-6 minutos o hasta que estén ligeramente tostadas.

c) Retire todo del horno e inmediatamente colóquelo en un plato, cambiando el lado de la rebanada de pan, con el lado tostado hacia abajo.

d) Ahora, configure su horno a 350 grados F antes de continuar.

e) En un tazón pequeño, agregue los ingredientes restantes y mezcle hasta que estén bien combinados.

f) Extienda la mezcla de pesto sobre el lado sin tostar de cada rebanada de manera uniforme y colóquela en una bandeja para hornear galletas. Cocine todo en el horno durante unos 6-8 minutos.

g) Ahora, configure el horno para asar y ase el sándwich hasta que la parte superior se dore y burbujee.

69. Giroscopios Caprese

Porciones por Receta: 12

Ingredientes

- 4 rondas de pan de pita

- 1 cucharada de aceite de oliva

- 1/4 cucharadita de condimento italiano

- 1/4 taza de queso parmesano rallado

- 8 oz. queso mozzarella

- 2 tomates ciruela grandes

- 1/2 taza de albahaca, picada

- 1/4 taza de nueces tostadas, picadas

- 1 diente de ajo, prensado

- 1/4 cucharadita de sal

- 2 cucharadas de aderezo para ensaladas de vinagreta balsámica ligera

- 4 tazas de verduras tiernas

Direcciones

a) Configure su horno a 425 grados F antes de hacer cualquier otra cosa.

b) Cubra los círculos de pita con aceite de manera uniforme y cubra con el condimento italiano, seguido del queso parmesano.

c) Cocinar en el horno durante unos 8-10 minutos.

d) Mientras tanto, para el pesto: en un tazón, agregue la albahaca, el ajo, las nueces y la sal y mezcle hasta que estén bien combinados.

e) Retire las rondas de pita del horno y colóquelas en platos, con el lado del queso hacia abajo.

f) Coloque el aderezo en la parte posterior de cada ronda de pita de manera uniforme.

g) Corta cada ronda en 6 cuñas del mismo tamaño.

h) Coloque 12 gajos de pita en un plato.

i) Cubra cada rebanada de pita con algunas verduras, 1 rebanada de mozzarella, pesto y 1 rebanada de tomate.

j) Cubra cada gajo con los gajos restantes, con el queso hacia arriba.

k) Asegure cada sándwich con los palillos y disfrute.

70. Panini de Pollo Florida

Porciones por Receta: 4

Ingredientes

- 4 pechugas de pollo deshuesadas y sin piel, machacadas
- 3 cucharadas de aceite de oliva
- 1 cucharada de ajo picado
- 1 cucharada de condimento italiano seco
- sal y pimienta
- 1 1/2 taza de pimientos rojos asados
- 4 rebanadas de queso provolone
- 3/4 taza de salsa pesto
- 8 rebanadas de pan italiano aceite de oliva

Direcciones

a) Coloca las pechugas de pollo entre 2 hojas de papel encerado y con un mazo para carne, machácalas hasta que tengan un grosor parejo.

b) En un tazón, agregue el ajo, 3 cucharadas de aceite, el condimento italiano y la pimienta y mezcle bien.

c) Agregue las pechugas de pollo y cubra con la mezcla de aceite generosamente.

d) Metemos en la nevera durante unas 2 horas.

e) Retire las pechugas de pollo de la marinada y espolvoree con sal y pimienta de manera uniforme.

f) Coloque una sartén a fuego medio hasta que se caliente por completo.

g) Agregue los trozos de pollo y cocine durante unos 10 minutos, volteando una vez a la mitad.

h) Transfiere las pechugas de pollo a un plato.

i) Coloque los pimientos asados sobre cada pechuga de pollo de manera uniforme, seguidos de 1 rebanada de queso.

j) Coloque el pesto en ambos lados de cada rebanada de pan de manera uniforme.

k) Coloque 1 pechuga de pollo en cada una de las 4 rebanadas de pan.

l) Cubra con las rebanadas de pan restantes.

m) Cubre el exterior de cada sándwich con aceite de oliva.

n) Coloque una sartén a la parrilla a fuego medio-alto hasta que se caliente por completo.

o) Coloque 2 sándwiches de panini y cubra con otra sartén pesada por peso, seguida de una lata pesada.

p) Cocine durante unos 6 minutos, volteando una vez a la mitad.

q) Corta cada sándwich por la mitad y disfruta.

71. Mozzarella Provolone Panini

Porciones por Receta: 1

Ingredientes

- 1/3 taza de tomate deshidratado empacado escurrido
- aceite de oliva virgen extra en aceite picado
- 5 rebanadas de queso provolone
- 3 Cucharadas de aceitunas negras curadas en aceite, sin hueso y
- 1/2 libra de queso mozzarella, en rodajas picadas
- 1/2 cucharadita de orégano seco
- Pimienta molida
- 10 rebanadas de pan blanco

Direcciones

a) Para el pesto: en una licuadora, agregue las aceitunas, los tomates secados al sol, el orégano y la pimienta y triture hasta que se forme una pasta ligeramente grumosa.

b) Cubra 1 lado de todas las rebanadas de pan con el aceite en una capa delgada.

c) En el fondo de una bandeja para hornear, coloque 5 rebanadas de pan, con el lado engrasado hacia abajo.

d) Coloque 1 rebanada de provolone sobre 5 rebanadas de pan, seguido del pesto de tomate y el queso mozzarella.

e) Cubra con las rebanadas de pan restantes, con el lado engrasado hacia arriba.

f) Coloque una sartén a fuego medio-alto hasta que se caliente por completo.

g) Coloque los sándwiches en lotes y cubra con una sartén de hierro fundido para el peso.

h) Cocine durante unos 4 minutos, volteando una vez a la mitad.

i) Corta cada sándwich por la mitad y disfruta.

72. Panini de ternera con albahaca

Porciones por Receta: 4

Ingredientes

- 8 rebanadas de pan italiano
- 4 rebanadas de queso mozzarella
- 2 cucharadas de mantequilla, ablandada   salsa de espagueti
- 4 cucharadas de pesto de albahaca preparado
- 1/2 libra de rosbif, cocido, rebanado

Direcciones

a) Coloque la mantequilla en 1 lado de todas las rebanadas de pan de manera uniforme.

b) Coloque la carne sobre 4 rebanadas de pan de manera uniforme, seguida del pesto y el queso.

c) Cubra con las rebanadas de pan restantes, con el lado enmantequillado hacia arriba.

d) Coloque la sartén a fuego medio hasta que se caliente por completo.

e) Coloque los sándwiches, con el lado enmantequillado hacia abajo y cocine durante unos 4-5 minutos, volteándolos una vez a la mitad.

f) Disfrute caliente junto con la salsa de espagueti.

73. Panini Integral

Porciones por Receta: 6

Ingredientes

- 2 tomates bistec grandes, sin corazón y en rodajas

- 1 bola (16 oz.) de queso mozzarella

- 12 rebanadas de pan integral

- 1 taza de salsa pesto

- sal kosher

- mantequilla, sin sal

Direcciones

a) Configure su prensa de panini como se sugiere en el manual.

b) Sazone las rodajas de tomate con un poco de sal.

c) Disponer las rebanadas de pan en una fuente.

d) Coloque el pesto sobre todas las rebanadas de pan de manera uniforme.

e) Coloque 1 rebanada de mozzarella sobre 6 rebanadas de pan, seguida de las rebanadas de tomate.

f) Espolvorear el tomate con un poco de sal.

g) Cubra con las rebanadas de pan restantes, con el pesto hacia abajo.

h) Coloque la mantequilla en ambos lados de todos los sándwiches.

i) Coloque los sándwiches en la prensa para panini en lotes y cocine durante unos 2-3 minutos.

j) Corta cada sándwich por la mitad y disfrútalo tibio.

74. Sándwich de verano

Porciones por Receta: 8

Ingredientes

- 1 hogaza de pan ciabatta (1 libra)

- 3/4 taza de pesto

- 8 oz. queso fontina, rebanado

- 2 tomates maduros, en rodajas

- 4 hojas de lechuga mantecosa

Direcciones

a) Encienda el asador de su horno a temperatura baja si es posible.

b) Corta tu pan por la mitad. Cubre un lado con un poco de pesto y luego coloca lo siguiente en el otro lado: tomate y queso fontina.

c) Coloque los pedazos de pan que tienen queso debajo del asador hasta que el queso se haya derretido.

d) Cubra esta pieza con un poco de lechuga.

e) Forma sándwiches y luego córtalos por la mitad para servir.

75. Masa Madre, Provolone, Pesto

Porciones por Receta: 16

Ingredientes

- 1/2 taza de Aceite de Oliva Virgen Extra

- 8 rebanadas de pan de masa madre

- 1/4 taza pesto

- 16 lonchas finas de queso provolone

- 12 lonchas finas de prosciutto

- 4 pimientos rojos enteros asados, cortados en juliana

Direcciones

a) Caliente su parrilla Panini de acuerdo con las instrucciones del fabricante.

b) Unte el pesto sobre cada mitad del pan antes de poner la mitad del queso, el prosciutto, las tiras de pimiento y el queso restante sobre la mitad inferior y ciérrelo para hacer un sándwich.

c) Ponga un poco de mantequilla encima y cocine este Panini en la parrilla precalentada por unos 4 minutos o hasta que el exterior esté dorado.

76. Pita, pesto y parmesano

Porciones por Receta: 4

Ingredientes

- 1 tarrina (6 oz.) de pesto de tomates secados al sol
- 3 cucharadas de aceite de oliva
- 6 panes de pita de trigo integral (6 pulgadas)
- pimienta negra molida al gusto
- 2 tomates roma (ciruela), picados
- 1 manojo de espinacas, enjuagadas y picadas
- 4 champiñones frescos, en rodajas
- 1/2 taza de queso feta desmenuzado
- 2 cucharadas de queso parmesano rallado

Direcciones

a) Configura tu horno a 350 grados antes de hacer cualquier otra cosa.

b) Cubra cada pieza de pita con un poco de pesto y luego cubra cada una con: pimienta, tomates, aceite de oliva, espinacas, parmesano, champiñones y queso feta.

c) Cuece el pan, durante 15 minutos, en el horno, y luego córtalo en triángulos antes de servir.

d) Disfrutar.

77. Wraps de Pesto de Pavo al Jardín

Porciones por Receta: 1

Ingredientes

- 1 tortilla grande

- 1/4 taza de brotes de alfalfa

- 2 cucharadas de pesto de albahaca

- 2 cucharadas de queso cheddar rallado

- 3 cucharadas de queso crema sin grasa

- 2 cucharadas de zanahorias ralladas

- 3 rodajas de tomates

- 4 rebanadas de pavo deli

- 6 rebanadas de pepinos

Direcciones

a) Caliente la tortilla en una sartén durante unos segundos por cada lado. Transferirlo a un plato.

b) Cúbralo con salsa pesto, seguido de queso crema, tomate, pepinos, brotes de alfalfa, zanahoria, pavo y queso.

c) Enrolla tu tortilla estilo burrito y luego sírvela.

78. Wraps de lechuga y tilapia al pesto

Porciones por Receta: 2

Ingredientes

- 2 -3 filetes de tilapia

- 1 aguacate, en rodajas

- 16 onzas. aceite de canola

- 1 cabeza de lechuga iceberg

masa

- 1 cucharadita de condimento Old Bay

- 1 cucharadita de sal

- 1 cucharadita de pimienta negra

- 1 cucharadita de pimienta de cayena

- 1/2 cucharadita de ajo en polvo

- 3/4 taza de harina de trigo

- 3/4 taza de pan rallado panko

- 1 huevo

- 1/2-1 taza de agua

pesto

- 1/2 taza de pimiento rojo asado

- 1/4 taza de yogur griego

- 2 dientes de ajo

- 1/2 taza de manojo de albahaca

- 1/2 taza de mezcla de queso parmesano y pecorino

- 1/2 cucharadita de pimienta

- 1/4 taza de aceite de oliva

Direcciones

a) Para preparar la masa:

b) Consigue un bol para mezclar: mezcla en él todos los ingredientes de la masa.

c) Cortar cada filete de pescado en 3 trozos. Sumérjalos completamente en la masa.

d) Coloque una sartén grande y profunda a fuego medio. Caliente en ella 3 pulgadas de aceite.

e) Freír en ella los trozos de pescado hasta que se doren. Escúrralos y colóquelos sobre toallas de papel para que se sequen.

f) Consigue un procesador de alimentos: Coloca en él todos los ingredientes del pesto de pimientos. Sazonarlos con una pizca de sal. Mezclarlos suavemente.

g) Superponga cada 2 hojas de lechuga en un plato para servir. Cúbralos con pescado frito seguido de aguacate y pesto de pimienta.

h) Sirva sus envolturas abiertas inmediatamente. Disfrutar.

79. Quesadillas de atún de la huerta

Porciones por Receta: 6

Ingredientes

- 4 tortillas de pesto con ajo

- 1 cucharada de aceite de oliva

- 1/4 taza de pesto de pimiento rojo asado

- 2 (85 g) de atún, escurrido

- 2 tazas de calabacín, rallado

- 6 rebanadas de queso de pimienta de Monterey Jack

- sal y pimienta

Direcciones

a) Cubra cada lado de todas las tortillas con una capa delgada de aceite.

b) Coloque el pesto sobre 2 tortillas de manera uniforme, seguido de las rebanadas de atún, calabacín y queso.

c) Espolvorea con sal y pimienta y cubre con las 2 tortillas restantes, con el lado engrasado hacia arriba.

d) En una sartén, coloque 1 quesadilla a fuego medio, con el lado engrasado hacia abajo y cocine durante unos 2-3 minutos por lado.

e) Repita con la quesadilla restante.

f) Corta cada quesadilla en 6 gajos y disfruta.

80. Focaccia cubierta de Alaska

Porciones por Receta: 4

Ingredientes

- 1 lata (14 3/4 oz.) de salmón, deshuesado
- 1/2 taza de salsa pesto
- 1/2 taza de cebolla roja, picada
- 1/3 taza de tomate secado al sol, picado
- 4 cucharadas de mayonesa
- 2 cucharaditas de cáscara de limón, rallada
- 1 pan de focaccia
- hoja de lechuga romana

Direcciones

a) Consigue un recipiente para mezclar: combina en él el salmón y el pesto con los tomates, la cebolla y la cáscara de limón.

b) Cortar el panecillo por la mitad. Coloque sobre la parte inferior la mitad de la lechuga seguida de la ensalada de salmón.

c) Cúbralo con la mitad superior del pan. Cortar el sándwich en 4 pedazos y envolver cada uno de ellos con film transparente.

d) Coloque los sándwiches en el refrigerador y déjelos reposar al menos durante la noche.

e) Desenvuelve tus sándwiches y sírvelos con tus ingredientes favoritos.

f) Disfrutar.

81. Muffulettas del Barrio Francés

Porciones por Receta: 4

Ingredientes

- 1 berenjena, en rodajas

- 1 calabacín, cortado en ángulo

- 1 pimiento rojo, cortado en cuartos a lo largo

- 1 champiñón portobello grande

- 1 cebolla roja, en rodajas

- 1/2 taza de aceite de oliva virgen extra sal y pimienta

- 6 onzas. espinacas tiernas

- 1/3 taza de piñones

- 2/3 taza de queso Parmigiano-Reggiano, rallado

- 1 taza de giardiniera, comprada en la tienda

- 1/2 taza de aceitunas verdes, sin hueso

- 1 (8 -9 pulgadas) pan italiano crujiente redondo

- 1/4 libra de queso provolone rebanado en delicatessen

Direcciones

Para preparar las verduras a la plancha:

a) Antes de hacer nada, precalienta la parrilla y engrásala.

b) Cubra la berenjena, el calabacín, el pimiento, el portobello y la cebolla roja con 1/4 taza de aceite de oliva.

c) Espolvorea sobre ellos un poco de sal y pimienta. Asarlas de 3 a 4 min por cada lado.

Para preparar la salsa pesto:

d) Consigue una licuadora: Combina en ella las espinacas, los piñones, el Parmigiano-Reggiano, una pizca de sal y pimienta. Mezclarlos suavemente. Agregar el resto del aceite poco a poco mientras se licúa.

e) Vierta el pesto en un tazón para servir. Colóquelo a un lado.

Para preparar el condimento:

f) Consigue un procesador de alimentos: Combina en él las aceitunas con giardiniera. Púlselos varias veces hasta que queden picados.

g) Vierta la mitad de la salsa pesto en los panecillos.

h) Cúbralos con verduras asadas, el resto de la salsa pesto y condimente. Cúbralos con los bollos superiores y sírvalos. Disfrutar.

82. Sándwich de pollo al pesto

Porciones por Receta: 4

Ingredientes

- 4 onzas. champiñones mixtos, en rodajas finas

- 1 onza. vinagre balsámico

- 4 onzas. pimientos rojos, asados y rebanados

- 2 tomates medianos, en rodajas

- 4 panecillos italianos, cortados por la mitad

- 4 mitades de pechuga de pollo deshuesadas y sin piel (4 oz.), recortadas

- 4 onzas. salsa de pesto

- 4 onzas. queso feta

Direcciones

a) Obtenga un tazón para mezclar: combine en el vinagre balsámico con champiñones. Déjalos reposar en la nevera durante 1 día entero.

b) Escurre los champiñones y retira el exceso de vinagre.

c) Antes de hacer nada, precalienta la parrilla y engrásala.

d) Cubre las rebanadas inferiores con salsa pesto y luego cúbrelas con queso feta, pechuga de pollo, champiñones, pimientos asados y rodajas de tomate.

e) Cubre los sándwiches con las rebanadas de pan superiores. Use 2 palillos para asegurar cada sándwich.

f) Córtalos por la mitad y sírvelos de inmediato.

g) Disfrutar.

83. Sándwich de pollo Seattle

Porciones por Receta: 6

Ingredientes

- 6 rebanadas de pan italiano

- 1/3 taza de pesto de albahaca

- 3 onzas. prosciutto rebanado, opcional

- 1 lata (14 oz.) de corazones de alcachofa, escurridos y rebanados

- 1 frasco (7 oz.) de pimientos rojos asados, escurridos y cortados en tiras

- 12 onzas. pollo cocido, cortado en tiras

- 4 -6 onzas queso provolone rallado

Direcciones

a) Antes de hacer nada, precaliente el horno a 450 F.

b) Cubre un lado de cada rebanada de pan con pesto.

c) Coloque las rebanadas de prosciutto seguidas de las rebanadas de alcachofa, las tiras de pimiento rojo y las tiras de pollo sobre las rebanadas de pan.

d) Coloque 6 piezas de papel de aluminio sobre una tabla de cortar. Coloque cada sándwich suavemente en un trozo de papel de aluminio y luego envuélvalo alrededor.

e) Póngalos en una bandeja para hornear y luego cocínelos en el horno durante 9 min.

f) Deseche los pedazos de papel aluminio y vuelva a colocar los sándwiches abiertos en la bandeja.

g) Espolvorea sobre ellas el queso rallado. Ase los sándwiches en el horno durante 4 min más.

h) Sirve tus sándwiches calientes con tus ingredientes favoritos.

i) Disfrutar.

84. Panini mediterráneo

Porciones por Receta: 4

Ingredientes

- 4 pechugas de pollo deshuesadas y sin piel

- 2 limones grandes

- 2 dientes de ajo, picados

- 1 cucharada de aceite de oliva

- sal pimienta

- 2 cucharaditas de albahaca

- 1 pan ciabatta

- 1/4 taza de pesto de albahaca

- 1 tomate grande, bistec, en rodajas

- 6 onzas. continuo italiano, en rodajas

- 2 onzas. espinaca baby en bolsa

Direcciones

a) Coloca las pechugas de pollo entre 2 hojas de papel encerado y con un mazo para carne, machácalas hasta que tengan un grosor parejo.

b) En un bol, añade el ajo, la ralladura de limón, el jugo de limón y el aceite y muela bien.

c) Agregue el pollo y cubra generosamente con la mezcla de limón.

d) Metemos en la nevera durante unas 4-20 horas.

e) Coloque una sartén sobre el fuego hasta que se caliente por completo.

f) Agregue las pechugas de pollo y cocine durante unos 6-8 minutos.

g) Prepara tu panini.

h) Cortar la ciabatta en 4 piezas del tamaño deseado.

i) Coloque aproximadamente 1 cucharada de pesto en ambos lados del pan.

j) Coloque el pollo sobre cada pieza, seguido del queso Fontina, los tomates y las espinacas.

85. Portland Asiago Panini

Porciones por Receta: 4

Ingredientes

- 1 pan de focaccia al pesto
- 1 cucharada de vinagre balsámico
- 8 oz. pavo rebanado
- 1 -2 tomates, en rodajas
- 4 onzas. pasta de espinaca y alcachofa
- 1 pizca de sal y pimienta
- 2 onzas. queso asiago
- 1 cebolla roja pequeña, cortada en cubitos
- 1 cucharada de aceite de oliva

Direcciones

a) Configure su prensa de panini como se sugiere en el manual.

b) En una sartén, agregue el aceite y cocine hasta que se caliente por completo.

c) Agregue la cebolla y revuelva para secar durante unos 4-5 minutos.

d) Agregue el vinagre, la sal y la pimienta y retire del fuego.

e) Cortar el pan de focaccia en 2 círculos y luego, cortar cada uno en semicírculo.

f) Coloque el pavo en la mitad inferior del pan, seguido de la pasta de espinacas y alcachofas, las cebollas cocidas, el queso Asiago y las rodajas de tomate.

g) Cubra con las mitades superiores del pan focaccia.

h) Coloque el sándwich en la prensa para panini y cocine durante unos 5 minutos.

i) Disfruta caliente.

86. Prensa De Queso A La Parrilla Al Pesto

Porciones por Receta: 4

Ingredientes

- 4 panini, cortados por la mitad
- 6 1/2 onzas queso mozzarella, en rodajas
- 1/4 taza de queso parmesano, rallado
- 1/4 taza de salsa pesto
- 2 pimientos asados, en rodajas

Direcciones

a) Coloque el pesto en todas las mitades de pan de manera uniforme.

b) Coloque el queso mozzarella en las 4 mitades inferiores del pan, seguido del queso parmesano y los pimientos.

c) Cubra con las mitades superiores del pan.

d) Coloque una sartén a fuego medio-bajo hasta que se caliente por completo.

e) Coloque los sándwiches y oprima con otra sartén pesada para darle peso.

f) Cocine durante unos 10 minutos, volteando una vez a la mitad.

87. Jardín Panini

Porciones por Receta: 1

Ingredientes

- 1 cucharada de aceite de oliva

- 3/4 taza de tomates, cortados en cubitos

- 1 cucharada de alcaparras, escurridas

- 1 pizca de hojuelas de pimiento rojo

- 1/2 cucharadita de vinagre balsámico

- 4 rebanadas de pan blanco

- aceite de oliva

- 1/4 taza de salsa pesto

- 6 onzas. queso mozzarella, en rodajas

- sal marina

- pimienta negro

Direcciones

a) En un wok antiadherente, agregue el aceite a fuego medio-alto y cocine hasta que se caliente por completo.

b) Agregue las alcaparras, los tomates y las hojuelas de pimiento rojo y saltee durante unos 2-3 minutos.

c) Retire del fuego y agregue el vinagre.

d) Cubra un lado de todas las rebanadas de pan con el aceite de manera uniforme.

e) Coloque el pesto en el otro lado de todas las rebanadas de pan de manera uniforme.

f) Coloque la mezcla de tomate en 2 rebanadas de pan, seguido de mozzarella, sal y pimienta.

g) Cubra con las rebanadas de pan restantes, con el lado engrasado hacia arriba.

h) Coloque los sándwiches en una prensa para panini y cocine hasta que estén tostados.

ENSALADAS Y ADEREZO AL PESTO

88. Ensalada De Pesto De Mozzarella

Porciones por Receta: 6

Ingredientes

- 1 1/2 taza de pasta rotini

- 3 cucharadas de pesto, o al gusto

- 1 cucharada de aceite de oliva virgen extra

- 1/4 de cucharadita de sal, o al gusto

- 1/4 cucharadita de ajo granulado

- 1/8 de cucharadita de pimienta negra molida

- 1/2 taza de tomates uva partidos por la mitad

- 1/2 taza de bolitas de mozzarella frescas pequeñas

- 2 hojas de hojas de albahaca fresca, finamente ralladas

Direcciones

a) En una cacerola grande con agua hirviendo ligeramente salada, agregue la pasta y cocine durante aproximadamente 8 minutos o hasta el punto de cocción deseado, escurra bien y reserve.

b) En un tazón grande, mezcle el pesto, el ajo granulado, el aceite, la sal y la pimienta negra y agregue la pasta y revuelva para cubrir.

c) Con cuidado, incorpore la mozzarella, los tomates y la albahaca y sirva de inmediato.

89. Ensalada De Floretes Al Pesto

Porciones por Receta: 4

Ingredientes

- 10 onzas. pesto de albahaca

- 3 onzas. queso parmesano rallado

- 1 libra de pasta penne

- 1 libra de brócoli, cortado en floretes pequeños

- 2 tiras de pechuga de pollo a la parrilla (6 oz.)

Direcciones

a) Cortar el brócoli en floretes. Colóquelo a un lado.

b) Cocine la pasta de acuerdo con las instrucciones del paquete durante solo 3 minutos. Incorpora los floretes de brócoli y cocínalos durante 4 min.

c) Escurra el brócoli y la pasta del agua. Coloque los trozos de pollo en la olla y cocínelos durante 2 a 3 minutos para calentarlos.

d) Escurrir el pollo del agua.

e) Consigue un tazón grande: combina el brócoli con pollo, pasta, queso, salsa pesto, una pizca de sal y pimienta. Mézclelos para cubrir. Sírvelo de inmediato.

90. Aderezo Pesto Alioli

Porciones por Receta: 20

Ingredientes

- 3/4 taza de aceite

- 1 taza de mayonesa

- 3/4 taza de suero de leche

- 2 cucharadas de queso romano rallado

- 2 cucharadas de albahaca seca

- 1/2 cucharadita de sal

- 1 diente de ajo, picado

- salsa picante

- 1/4 cucharadita de pimentón

Direcciones

a) Consigue un tazón pequeño: mezcla la mayonesa con aceite.

b) Vierta el suero de leche, el queso, la albahaca, la sal, el ajo y la salsa picante. Bátelos hasta que se vuelvan cremosos.

c) Cubra el recipiente con una envoltura de plástico y déjelo reposar durante al menos 8 horas.

d) Una vez que se acabe el tiempo, mezcle los espaguetis con la salsa pesto. Decóralo con un poco de albahaca fresca.

e) Disfrutar.

91. Ensalada de pasta

Porciones por Receta: 4

Ingredientes

- 250 g de espaguetis

- 1/3 taza de guisantes, congelados

- 10 tomates cherry, en cuartos

- 100 g de queso feta

- 2 cucharaditas de salsa pesto

- 1 cucharada de romero fresco, picado

- 1/8 de cucharadita de ajo granulado

- 1/2 cucharadas de cebollín fresco, picado

- 1 cucharadita de aceite

- pimienta negra molida fresca

Direcciones

a) Prepara la pasta siguiendo las instrucciones del paquete durante 9 min.

b) Agregue los guisantes y cocínelos durante 2 a 3 minutos más.

c) Vierta los espaguetis y los guisantes en un colador. Déjalos escurrir durante unos minutos.

d) Consigue un bol para mezclar: Echa en él los espaguetis con aceite y salsa pesto.

e) Agregue las hierbas, el ajo, la pimienta y la sal. Combínalos bien. Agregue el queso feta con tomates cherry.

f) Coloque la ensalada en el refrigerador y déjela reposar durante al menos 1 hora y luego sírvala.

g) Disfrutar.

92. Ensalada de tortellini en tarro

Porciones por Receta: 2

Ingredientes

- 1 paquete (9 oz.) de tortellini de espinaca y queso

- 1 tarro (4 oz.) de pesto

- 1/4 taza de pepino inglés cortado a la mitad, sin semillas y en rodajas

- 1/4 taza de tomates cherry partidos por la mitad

- 1/4 taza de cebolla morada en trozos del tamaño de un fósforo

- 1/2 taza de maché picado

- sal y pimienta negra molida al gusto

Direcciones

a) Cocine la pasta de acuerdo con las instrucciones del paquete.

b) Extienda el pesto en el frasco y luego cúbralo con pepinos, tomates, cebollas, tortellini y maché. Sazonarlos con un poco de sal y pimienta.

c) Sirva su ensalada de inmediato o refrigérela hasta que esté lista para servirla.

93. Ensalada Capresse Al Pesto

Porciones por Receta: 8

Ingredientes

pesto

- 2 tazas de hojas de albahaca

- 1 taza de nueces, tostadas y picadas

- 2/3 taza de queso parmesano, rallado

- 6 cucharadas de aceite de oliva

- 2 cucharadas de jugo de limón

- 3 dientes de ajo, picados

Ensalada

- 2 cucharadas de salsa pesto

- 2 cucharadas de aceite de oliva

- 2 cucharadas de vinagre de vino tinto

- 4 tomates maduros rojos medianos, en rodajas

- 8 oz. queso mozzarella, hoja de albahaca fresca en rodajas

- sal y pimienta molida

Direcciones

a) Para el pesto: en una licuadora, agregue el ajo, la albahaca, el queso, las nueces, el jugo de limón y el aceite y pulse hasta que estén bien combinados.

b) Pasar el pesto a un bol.

c) Tapar el bol y llevar a la heladera hasta el momento de usar.

d) Para la vinagreta: en un recipiente, agrega el vinagre, el aceite y 2 cucharadas de pesto y bate hasta que estén bien combinados.

e) Para la ensalada: colocar en una fuente las rodajas de tomate, seguidas de la vinagreta de queso y pesto.

f) Disfrútalo con una pizca de sal y pimienta.

94. Ensalada de rúcula caprese

Porciones por Receta: 8

Ingredientes

- 1/4 taza de pesto de albahaca

- 1/4 taza de aceite de oliva virgen extra

- 1 libra de tomates reliquia mixtos, sin corazón y en rodajas finas

- 2 1/2 onzas rúcula bebé

- 8 oz. Queso mozzarella fresco clásico italiano, en rodajas

- 1/4 de pulgada de espesor y en cuartos

- 1/4 taza de aceituna Niçoise sin hueso, bien escurrida

- 4 -5 hojas de albahaca fresca, en rodajas finas

- sal marina y pimienta negra recién molida

Direcciones

a) En un tazón, agregue el aceite y el pesto y bata hasta que se mezclen bien.

b) Coloque la rúcula con los tomates en un plato y cubra con mozzarella, seguido de las aceitunas y la albahaca.

c) Espolvorear con sal y pimienta.

d) Disfrútalo con un aderezo de pesto.

95. Ensalada De Pasta De Albahaca

Porciones por Receta: 4

Ingredientes

- 8 oz. pasta rigatoni seca

- 1 1/2 taza de tomates uva, cortados a la mitad

- 1 taza de queso mozzarella en cubos

- 1/3 taza de salsa pesto,

- 1/2 taza de queso parmesano rallado

- sal y pimienta

Direcciones

a) En una cacerola, agrega el agua y un poco de sal y cocina hasta que hierva.

b) Agregue el rigatoni y cocine hasta el punto de cocción deseado.

c) Escurrir los rigatoni y enjuagar con agua corriente fría.

d) Ahora, con toallas de papel, seque el rigatoni y colóquelo en un tazón.

e) Agregue el pesto, los tomates, el queso parmesano, la mozzarella, la sal y la pimienta y revuelva suavemente para cubrir bien.

96. Pecanas, parmesano y pesto cuscús

Porciones por Receta: 4

Ingredientes

- 2/3 taza de nueces pecanas
- 1 cucharada de mantequilla
- 1 1/2 taza de champiñones frescos cortados en cuartos
- 1 cebolla, picada
- 1 cucharada de ajo fresco picado
- 2 cucharaditas de mantequilla
- 1 1/4 taza de agua
- 1 caja (5.8 oz.) de cuscús
- 1 botella (8.5 oz.) de pesto de tomates secados al sol
- 1/3 taza de queso parmesano finamente rallado, o más al gusto
- sal y pimienta negra molida al gusto

Direcciones

a) Tostar las nueces en el horno en una cacerola durante 25 minutos.

b) Mientras tanto, sofreír el ajo, la cebolla y los champiñones en 1 cucharada de mantequilla durante 9 minutos. Luego colócalo todo en un tazón.

c) Derrita 2 cucharadas más de mantequilla y luego agregue el agua para que hierva.

d) Una vez que todo esté hirviendo, agregue su cuscús a un tazón grande y luego combínelo con el agua hirviendo.

e) Coloque una cubierta en el recipiente de envoltura de plástico y déjelo reposar durante 12 minutos.

f) Después de que todo el líquido se haya absorbido, revuélvelo con un tenedor.

g) Agregue el pesto, las nueces, el queso parmesano y los champiñones al cuscús y luego agregue un poco de pimienta y sal.

h) Mezclar todo uniformemente.

POSTRES AL PESTO

97. Pastel abierto de espinacas y pesto

Porciones por Receta: 1

Ingredientes

- 2 filetes de salmón deshuesados y sin piel (12 oz.)
- sal sazonada al gusto
- 1/2 cucharadita de ajo en polvo
- 1 cucharadita de cebolla en polvo
- 1 paquete (17.25 oz.) de hojaldre congelado, descongelado
- 1/3 taza pesto
- 1 paquete (6 oz.) de hojas de espinaca

Direcciones

a) Configure su horno a 375 grados F antes de hacer cualquier otra cosa.

b) Cubre el salmón con una mezcla de sal, cebolla en polvo y ajo en polvo antes de reservarlo.

c) Ahora coloque la mitad de sus espinacas entre dos hojas de hojaldre separadas, mientras coloca más en el centro y coloque el filete de salmón sobre cada una en el centro antes de colocar el pesto y las espinacas restantes.

d) Humedece los bordes con agua y dóblalo.

e) Hornee esto en el horno precalentado durante unos 25 minutos.

f) Enfriarlo.

g) Servir.

98. Pastel de olla al estilo libanés

Porciones por Receta: 8

Ingredientes

- 3 cucharadas de puré de ajo

- 1/4 taza de queso feta con hierbas desmenuzado

- 1 yema de huevo

- 1 hoja de hojaldre congelada, descongelada, cortada por la mitad

- 2 tazas de espinacas frescas picadas

- 2 mitades de pechuga de pollo deshuesadas y sin piel

- 2 cucharadas de pesto de albahaca

- 1/3 taza de tomates secados al sol picados

Direcciones

a) Configure su horno a 375 grados F antes de hacer cualquier otra cosa.

b) Cubra las pechugas de pollo con una mezcla de puré de ajo y yema de huevo en un plato de vidrio antes de cubrirlo con una envoltura de plástico y refrigere estas pechugas de pollo durante al menos cuatro horas.

c) Coloque la mitad de las espinacas en el centro de la mitad de una masa y luego coloque un trozo de pechuga de pollo sobre ella antes de agregar 1 cucharada de pesto, tomates secados al sol, queso feta y luego las espinacas restantes.

d) Envuélvalo con la otra mitad de la masa.

e) Repita los mismos pasos para las piezas de pechuga restantes.

f) Coloque todo esto en una fuente para horno.

g) Hornee en el horno precalentado durante unos 40 minutos o hasta que el pollo esté tierno.

h) Servir.

99. torta de la costa oeste

Porciones por Receta: 10

Ingredientes

- 2 paquetes (8 oz.) de queso crema
- 2 dientes de ajo, picados
- 8 oz. queso feta
- 2 cucharaditas de tomillo
- 2 cucharadas de aceite de oliva
- 3 cucharadas de salsa pesto
- 1/3 taza de pimiento rojo asado, escurrido y picado
- pimiento rojo adicional, tiras

Direcciones

a) Disponer una hoja de plástico en un plato.

b) En una licuadora, agregue el queso crema, el queso feta y el ajo y pulse hasta que estén bien combinados.

c) Agregue el tomillo y el aceite y pulse hasta que estén bien combinados.

d) En el fondo del plato preparado, coloque aproximadamente 1/3 de la mezcla de queso de manera uniforme y cubra con el pesto, seguido de otro 1/3 de la mezcla de queso encima, los pimientos rojos y la mezcla de queso restante.

e) Cubra el plato y colóquelo en la nevera durante unas 3 horas.

f) Disfrútelo con una guarnición de tiras extra de pimiento rojo.

100. Paletas de Pesto de Limón

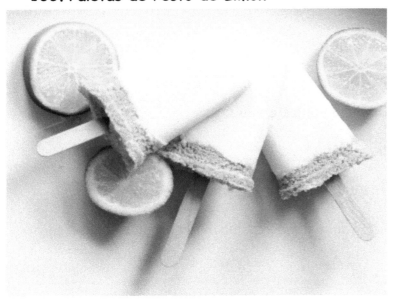

Porciones por Receta: 6

Ingredientes

- 4 tazas de melón dulce en cubos

- 1 pizca de sal

- 1/4 taza de albahaca fresca picada

- 1/2 taza de concentrado de limonada orgánica congelada

Direcciones

a) En un procesador de alimentos, agregue todos los ingredientes y pulse hasta que quede suave.

b) Transferir la mezcla en moldes de paletas de manera uniforme.

c) Ahora, inserte 1 palito de paleta en cada molde y colóquelo en el congelador durante aproximadamente 6 horas.

d) Con cuidado, retira las paletas de los moldes y disfruta.

CONCLUSIÓN

El pesto tradicional se hace con hojas de albahaca, ajo, piñones, aceite de oliva, sal y parmesano (u otro tipo de queso italiano duro, como el Pecorino). Puedes prepararlo con mortero y mano (este es el método tradicional) o usando una licuadora/procesador de alimentos.

Hay algo hermoso y simple en el pesto recién hecho. Ya no es necesario el pesto comprado en la tienda. Las recetas de este libro son muy fáciles con menos de 5 ingredientes principales. ¡Y solo lleva 5 minutos hacerlo también!

CPSIA information can be obtained
at www.ICGtesting.com
Printed in the USA
BVHW012008030722
641225BV00005B/199

9 781804 657256